뇌를 알면 삶이 바뀐다

뇌를 알면 삶이 바뀐다

성공적인 삶을 위한 두뇌 활용법

양은우 지음

보아스

들어가는 글

　인생은 한 번 뿐이기에 누구나 사는 동안은 성공적인 삶을 살길 바랍니다. 성공이라는 개념이 추상적이고 애매모호해서 사람마다 그리는 모습이 다를 수는 있지만 대다수는 성공을 추구합니다. 하는 일에 있어 만족스러운 성과를 내고 경제적으로 안정을 이루며, 원만한 인간관계를 이루고 일상 속에서 행복감을 느끼며 살 수 있기를 바랍니다. '어제의 나보다 오늘의 나, 오늘의 나보다 내일의 나'가 더 발전된 모습이길 바라면서 조금씩 성장해 나가고, 그것이 밑바탕이 되어 가급적 높은 위치에 오르고 싶어 합니다. 어느 순간 뒤돌아봤을 때 지나온 길을 후회하며 한숨짓기보다는 '그래도 잘 살아왔구나' 하며 위안받고 싶어 합니다.

하지만 살다 보면 삶이 마음먹은 대로 그리 쉽게 풀리지 않을 때가 많습니다. 해야 할 일을 미루고 게으름을 피우다가 때를 놓쳐 손해를 입을 때도 있고, 어리석은 의사결정으로 인해 큰 피해를 입을 때도 있습니다. 자기 자신에 대해 신념을 가지지 못해 자신 없는 모습으로 기회를 놓칠 때도 있고, 부정적인 사고로 인생 자체를 힘들게 사는 사람도 있습니다. 인간관계가 원활하지 못해 힘들고 어려운 상황에서 주위 사람들로부터 정서적 지지와 정신적 위안을 얻지 못한 채 퍽퍽한 삶을 이어나가야 할 수도 있고, 좋지 못한 습관의 포로가 되어 소모적인 삶을 살 수도 있습니다. 그러다 보면 자신이 그리던 삶과 멀어질 수도 있습니다.

뇌는 인간이 하는 모든 사고와 행동의 배경입니다. 모든 사람의 사고와 행동은 뇌의 지배를 받습니다. 그래서 자신의 삶을 성공적으로 살고 싶고, 인생의 마지막 순간에 자신이 걸어온 길을 돌아보며 만족스러움을 느끼기 위해서는 뇌를 잘 이용해야 합니다.

사람들은 모든 일이 마음먹기에 달려 있다고 생각하지만 때로는 뇌라는 것이 나도 모르게 나를 조정하고 나의 의지와 다르게 행동하고 사고하도록 만듦으로써 삶의 방향이 조금씩 어그러지도록 만들기도 합니다. 무언가 계획한 일들이 제대로 진행되지 않을 때 자기 자신을 탓하거나 혹은 다른 사람들을 탓하고 세상에 원망을 퍼부을 때도 있지만, 그 모든 배경에는 뇌라는 존재가 자리 잡고 있습니다.

　뇌는 성과를 창출해내는 집행기관이기 때문에 두뇌를 효율적으로 활용하면 시행착오나 실수, 실패를 줄이고 성공의 기회를 높일 수 있습니다. 뇌를 이해하고 나와 타인, 세상을 바라보면 그만큼 객관적으로 자신의 삶을 바라볼 수 있고 보다 발전적인 측면에서 삶을 끌어나갈 수 있습니다. 결과적으로 자신의 삶에 대한 만족감이 높아질 수 있고, 더불어 삶의 질도 끌어올릴 수 있습니다.

　이 책은 인생을 만족스럽고 성공적으로 살고 싶은 사람들을 위해 뇌과학 차원에서의 조언을 담은 것입니다. 뇌라는 것이 만들어내는 오묘하고 신비로운 세계를 바탕으로 자신의 한계를 뛰어넘어 한 단계 성장할 수 있는 요령, 다른 사람들과 원만한 인간관계를 유지할 수 있는 방법, 그리고 지혜로우며 행복하고 건강하게 삶을 영위할 수 있는 팁들을 담고 있습니다. 인생을 조금 더 긍정적이고 발전적인 방향으로 살아가기 위해 알아두면 도움이 될 수 있는 이야기들을 다루고 있습니다. 이 책을 읽고 깨달음을 얻어 실천한다면 성공적인 삶을 살아가는 데 조금이나마 도움이 될 수 있으리라고 자부합니다.

　책 한 권으로 성공적인 삶을 살 수 있는 것은 아니지만, 뇌의 작동방식을 이해하고 조금 더 의미 있고 가치 있게 활용한다면 보다 업그레이드된 삶을 살아갈 수 있는 바탕을 갖추게 될 것입니다. 이 책을 통해 자신의 현재 모습을 돌아보고 삶을 보다 지혜롭고 성공적으로 살아갈 수 있는 실마리를 얻을 수 있길 바랍니다.

KNOWING YOUR BRAIN CHANGES YOUR LIFE

뇌를 알면 삶이 바뀐다　　　　　　　　　　　　**차례**

들어가는 글　　　　　　　　　　　　　　　　　　004

제1장
성과 지향적인 태도가 뇌를 바꾼다

뇌의 에너지를 중요한 일에 집중하면 삶의 결과가 달라진다　014

조바심의 근원지는 바로 뇌!　　　　　　　　　　　　　　021

명확한 목표가 뇌에 미치는 영향　　　　　　　　　　　　029

뇌 속의 게으름 DNA를 이겨내는 법　　　　　　　　　　035

멀티태스킹은 뛰어난 능력일까?　　　　　　　　　　　　043

휴식 속에서 갑자기 아이디어가 떠오르는 이유는 무엇일까?　051

검색 시대에 사고력을 키우는 법　　　　　　　　　　　　057

작은 성공의 반복이 뇌를 활성화한다　　　　　　　　　　063

변화를 거부하지만 도전을 즐기는 뇌의 이중성　　　　　　069

제2장
자기긍정이 뇌를 바꾼다

성공하는 사람들은 먼저 자신부터 소중한 존재로 여긴다	076
자신감은 뇌에 긍정적인 피드백을 제공한다	082
긍정적 사고가 뇌에서 주도권을 잡도록 하는 방법	088
나를 들여다보는 메타인지의 힘	096
뇌의 가장 중요한 역할 두 가지, 주의력과 집중력	102
회복탄력성을 높이는 뇌 훈련	108
남 탓과 자기 비하를 지양하자	115
미래의 보상을 위해 현재의 만족을 지연시키기	119
알코올이 두뇌에 미치는 부정적인 영향	126
우리가 타인의 의견에 휩쓸리게 되는 이유는 무엇일까?	131

제3장
건강한 관계가 뇌를 바꾼다

우리는 거절에 대해 본능적인 두려움을 갖고 있다   138
질투심을 발전적인 에너지로 전환하자   145
감정의 뇌보다 이성의 뇌에 말 걸기   151
칭찬과 감사가 뇌를 건강하게 한다   158
부정적인 생각과 감정을 키워 오해의 굴레에 갇히지 말자   165
인적 네트워크는 사고와 판단의 질을 높인다   173
공감능력은 인적 지렛대를 만들어내는 훌륭한 자산   180
인간은 이성적 존재인가?   186
기분이 태도가 되지 않도록 하자   195

제4장
좋은 생활습관이 뇌를 바꾼다

두뇌를 마사지하는 독서의 힘	**204**
운동은 두뇌를 맑게 해준다	**210**
충분한 잠이 뇌의 활동을 극대화한다	**217**
습관은 뇌 속에 지속하게 하는 회로를 만든다	**225**
스트레스를 효과적으로 줄이는 법	**233**
좋은 습관은 무의식의 지형을 바꿀 수 있다	**242**
자신의 뇌에 종종 의심이라는 활력을 주입하자	**249**
포기하려는 뇌의 본능을 의지라는 노력으로 극복하자	**255**
가치를 창출하는 일에 뇌와 시간을 투자하자	**260**
참고문헌	**264**

제1장

성과 지향적인 태도가 뇌를 바꾼다

KNOWING YOUR BRAIN CHANGES YOUR LIFE

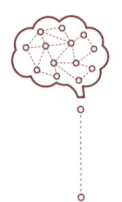

뇌의 에너지를 중요한 일에 집중하면 삶의 결과가 달라진다

스티브 잡스가 세상을 떠난 지 꽤 오랜 시간이 흘렀지만, 그는 여전히 인류역사상 위대한 인물 중 한 사람으로 꼽힌다. "인류의 역사는 스마트폰 이전과 이후로 나눌 수 있다"는 말이 나올 정도로 스티브 잡스의 아이폰이 등장한 이후 인류의 삶은 급격히 달라졌다. 금융, 통신, 문화, 여행, 게임 등 사회 전 분야에 걸쳐 스마트폰을 활용한 업무처리가 늘어났다. 또한 음식 주문이나 결제 등 일상생활에서 스마트폰이 컴퓨터를 대체하는 핵심수단이 되면서 생활패턴 역시 완전히 달라졌다. 수많은 사람이 일상에서 스마트폰 없이는 극도의 불편함과 불안감을 느끼는 만큼 앞으로 이러한 현상은 더욱 심화될 것으로 보인다. 이렇듯 스티브 잡스는 인류의 역사를 바꾸었다 해도 과언이 아니다.

스티브 잡스를 떠올리면 연상되는 한결같은 이미지가 있다. 짧고 단정한 머리와 수염, 지적이면서도 날카로운 인상을 풍기는 금테 안경, 검은색 터틀넥 셔츠와 청바지, 그리고 운동화다. 그런 모습은 그의 트레이드마크가 되었다. 많은 사람이 스티브 잡스가 옷을 갈아입을 시간도 없을 만큼 바빠서 항상 같은 옷을 입는다고 생각했지만, 실제로 그의 옷장에는 비슷한 옷으로 가득 차 있었다.

페이스북의 공동 창업자 중 한 명인 마크 저커버그 역시 스티브 잡스처럼 동일한 옷을 고집했다. 한 가지 차이점이 있다면 스티브 잡스는 언제 어디서든 같은 복장을 고수했던 반면, 마크 저커버그는 중요한 자리에서는 정장을 입기도 한다는 점이다. 하지만 평상시에는 회색 티셔츠와 후드티, 청바지를 즐겨 입어서 그의 옷장에는 비슷한 옷이 가득하다고 한다. 두 사람 모두 같은 옷을 여러 벌 사두고 매일 아침 갈아입은 것이다.

그렇다면 세계적으로 손꼽히는 거대 기업의 CEO이자 대부호인 그들이 왜 그렇게 행동하는 것일까? 그들은 오로지 두뇌의 효율, 다시 말해 의사결정의 질을 높이기 위해 불필요한 일에 에너지를 쏟고 싶지 않았던 것이다. 마크 저커버그는 "내 인생에서 결정 내리는 것을 최소화하고 싶다. 특히 오늘은 무엇을 입을까 신경 쓰는 대신 내 주변 커뮤니티를 더 돌보는 것이 낫다"고 말했다. 스티브 잡스 역시 비슷한 생각이었던 것이다.

사람에 따라 다르지만 두뇌의 평균 무게는 1.4kg으로, 몸의 2% 정도밖에 되지 않는다. 하지만 몸에서 사용하는 에너지의 20%를 소모한다. 신체 중에서 에너지 소모가 가장 심한 기관이 바로 두뇌다. 특히 인지활동과 같은 사고작용은 더욱 많은 에너지를 필요로 한다. 무언가 생각하고, 분석하고, 비교하고, 그 결과에 따라 선택하거나 의사결정을 내리는 데는 꽤 많은 에너지가 소모된다. 무언가 깊이 몰입해 신중하게 판단을 내리거나 중요한 시험을 치르고 나면 기진맥진해지면서 피로감을 느끼는 이유도 두뇌에서 에너지를 많이 사용해 신경당결핍이 일어났기 때문이다. 두뇌가 사용할 수 있는 에너지가 제한된 만큼 판단할 일이 많아지다 보면 시간이 갈수록 남은 에너지가 부족할 수밖에 없다. 그렇게 되면 의사결정에 쓸 에너지가 부족해 판단의 질이 낮아지고, 판단 실수가 일어날 수 있다.

흔히 인간의 뇌는 깨어 있는 모든 순간에 의식이 명료해 동일한 효율성을 발휘하고, 언제라도 같은 수준으로 의사결정을 내린다고 생각한다. 아침 9시나 점심을 먹고 난 직후인 오후 1시, 퇴근을 앞둔 오후 6시, 그리고 잠자리에 들기 전인 밤 10시쯤 내리는 의사결정의 수준이 모두 같을 것이라 여기는 것이다. 하지만

이는 두뇌가 눈에 보이지 않아서 생긴 착각일 뿐이다.

의사결정이 많아지면 두뇌도 함께 피로해지는 '의사결정의 피로(decision fatigue)' 현상에 의해 판단의 질이 낮아진다. 2011년, 이스라엘의 연구자들이 판사들의 가석방 심사 과정을 면밀하게 연구한 결과가 있다. 연구에 따르면, 피로물질이 모두 씻겨나가고 두뇌의 에너지가 충만한 이른 오전에 열린 공판에서는 판사들이 너그럽게 판결을 내린 비율이 65%에 이르렀다. 하지만 시간이 흐르면서 판결에 필요한 두뇌 에너지가 부족해지자 심사는 점점 엄격해졌고, 점심시간 직전에는 너그러운 판결을 내린 확률이 0%에 가까워졌다. 점심을 먹고 휴식을 취하며 에너지가 회복되자 너그러운 판결을 내린 확률은 다시 65%까지 치솟았다. 그러나 이후의 판결이 다시 엄격한 경향으로 돌아갔다. 이 연구 결과는 의사결정의 질이 시간대에 따라 달라지지 않을 것이라는 믿음이 깨짐과 동시에 의사결정이 많을수록 판단의 질은 낮아질 수밖에 없다는 사실을 잘 보여준다.

사실 두뇌에서의 에너지 소모는 개념적이어서 눈에 보이지 않는다. 그러다 보니 이 문제에 대해 민감하게 생각하지 않아 '그까짓 거 얼마나 되겠어?'하고 무시하기 쉽다. 하지만 사소한 일에도 두뇌는 에너지를 소모한다는 개념을 이해하면 두뇌 에너지를 적절하게 사용하려는 사람과 그렇지 않은 사람 간에는 큰 차이가 나타날 수밖에 없다.

하루 동안 의사결정을 내릴 일이 많으면 뇌 안의 에너지가 빠르게 소모되어 결국 가장 편안한 방향으로 의사결정을 내리게 된다. 편안하다는 것은 뇌가 익숙해져 있는 방식대로 하는 것을 의미한다. 깊게 생각하는 대신 자동적이거나 기계적으로 판단하고, 맑은 정신에서는 하지 않을 실수를 하게 된다. 시간이 지날수록 합리적이고 납득할 만한 의사결정은 줄어들게 되어 뒤돌아보면 '내가 왜 그렇게 판단을 했지?'라는 후회가 들 수도 있다. 결국 이런 일이 잦은 사람과 그렇지 않은 사람 간에는 시간이 쌓일수록 결과의 차이도 더 커질 수밖에 없다. 깃털도 수없이 쌓이면 배를 침몰시킬 수 있듯이 작은 실수가 쌓이고 쌓이면 언젠간 자신을 침몰시키는 큰 결함이 될 수 있다.

그렇다면 중요한 일을 앞두고 최상의 의사결정을 내리기 위한 가장 좋은 방법은 무엇일까? 바로 사소한 일에 에너지를 쓰지 않는 것이다. 즉, 가치가 없거나 별로 중요하지 않은 일에 신경을 쓰지 않는 것이다. 사람들은 자주 중요하지 않은 일임에도 마치 목숨이 걸린 것처럼 심각하게 여기곤 한다. 점심으로 무엇을 먹을 것인지 결정하기 위해 오랜 시간 고민하며 길가를 서성이거나, 약속에 입고 나갈 옷을 고르지 못해 몇 시간씩 거울 앞을 떠나지 못하기도 한다. 잊어버려도 상관없는 사소한 걱정거리를 머릿속에서 떨쳐버리지 못하기도 하고, 확실하지도 않은 일에 대해 쓸데없는 추측을 하며 오해를 만들거나 대수롭지 않은 일을 침소봉대해 심각하게 생각하기도 한다. 내버려두면 자연스럽게 해결될 문제를 붙잡고 끙끙댄 경험을 누구나 해보았을 것이다.

사소한 일에 두뇌의 에너지를 소모하다 보면 정작 중요한 일에 대해서는 제대로 된 의사결정을 내리지 못할 가능성이 커진다. 문제를 해결할 린치핀이 무엇인지 몰라 엉뚱한 이슈에 집착하거나 생각이 제대로 모이지 않아 고려할 수 있는 대안을 충분히 떠올리지 못하게 된다. 어렵사리 대안을 떠올린다고 해도 그 대안들이 어떤 결과를 가져올지 내다보고 미래의 관점에서 의사결정을 내리지 못한다. 그러다 답을 찾기 어려운 상황에 맞닥뜨리게 되면 익숙한 방식대로 판단하게 된다. 그리고 생각만큼 좋은 결과를 얻지 못하는 악순환이 반복된다.

'인생은 B와 D 사이의 C'라는 말이 있다. 삶은 태어나서(Birth) 죽을 때까지(Death) 크고 작은 선택(Choice), 즉 의사결정의 연속이라는 것을 상징적으로 보여주는 말이다. 한 사람이 인생을 잘 살았는지 여부는 연속된 선택의 결과라고도 할 수 있다. 일생을 살면서 의사결정을 잘 한 사람들은 성공에 가까워지는 반면 의사결정을 잘 못한 사람들은 성공에서 멀어지는 것이다. 앞서 예를 든 스티브 잡스나 마크 저커버그 외에도 성공했다고 인정받는 사람들은 그러한 면에서 의사결정을 잘한 사람들이라고 할 수 있을 것이다.

그러므로 뇌의 한정적인 에너지를 극복하고 언제나 올바른 의사결정을 내리기 위해서는 사소한 것에 신경 쓰지 않는 습관을 들여야 한다. 모든 일에 같은 비중으로 관심을 두기보다는 중요하지 않은 일, 중요하지 않은 사건, 중요하지 않은 사람, 중요하지 않은 오해, 중요하지 않은 갈등 등에 대해서는 무심하게 흘려버릴 수 있어야 한다. 아주 사소한 것까지 따지고 들기보다는 '그까짓 거'하는 생각으로 마음을 비우고, 그렇게 아낀 에너지를 정말 중요한 일, 자신의 가치와 역량을 높이는 일에 사용해야 한다. 사소한 것에 대한 신경 끄기가 필요한 이유도 바로 그 때문이다.

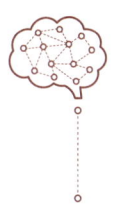

조바심의 근원지는
바로 뇌!

 사람에 따라 다르기는 하겠지만 살다보면 조바심을 느낄 때가 있다. 정도가 다를 수는 있지만 아마도 조바심을 느끼지 않는 사람은 거의 없을 것이다. 특히 시간과 성과에 쫓기며 사는 현대인들의 삶은 더욱더 조바심에 빠져들기 쉽다. 해야 할 일이나 이루고 싶은 일이 있지만 시간의 제약이나 압박으로 결과가 잘못될까 두려울수록 더욱 조바심의 덫에 빠지고 만다.

 커다란 규모의 거래가 이루어질 수 있는 중요한 협상에서 좀처럼 상대방과의 견해 차이가 좁혀지지 않을 때, 월말이나 연말이 다가오는데 정해진 목표를 달성하지 못할 듯한 우려가 들 때, 큰돈을 주식에 투자했는데 경기가 나빠져 기업들의 실적이 부진

할 때, 영끌로 산 집의 가격이 계속 하락할 때 등 우리 주변에서 조바심을 느낄 수 있는 일들은 부지기수다. 오히려 조바심을 느끼지 않고 평온한 마음으로 살아간다는 게 쉽지 않을 정도다.

이때 조바심의 근원지는 바로 뇌다. 뇌의 가장 바깥쪽에는 이성적인 사고와 판단을 담당하는 대뇌피질이 자리하고, 그 안쪽에는 희로애락오욕애 같은 각종 감정을 느끼도록 도와주는 변연계가 있다. 변연계는 감정의 뇌라고도 불리는데, 그중 편도체는 두려움이나 공포, 불안과 같은 부정적인 감정을 주로 담당하며 그것을 대뇌피질에 전달해 어두운 정서를 만들어낸다.

그래서 하는 일이 삐거덕거리며 계획대로 잘 되지 않을 듯싶을 때 편도체가 활성화되면서 초조하고 불안한 마음이 든다. 이렇게 되면 교감신경이 활성화되고, 스트레스 호르몬이 분비된다. 호흡과 맥박이 빨라지고 혈관이 수축되어 혈압이 높아진다. 심장이 두근거리고 심장으로 혈액이 들어오는 속도가 빨라지므로 가슴이 짓눌리는 듯한 답답한 느낌이 든다. 게다가 식은땀이 나고 온몸의 근육도 긴장되어 몸이 뻣뻣해지거나 뻐근하게 느껴진다.

이러한 신체적인 변화뿐 아니라 정신적인 변화도 나타난다. 수능이나 국가고시처럼 인생을 좌우할 만한 중요한 시험을 본다고 가정해보자. 시험문제를 다 풀지 못했는데 어느덧 시험 종료까지 10분밖에 남지 않았다면 마음이 조급해진다. 가슴이 쿵쾅거리기 시작하고, 조급한 마음 때문에 문제가 눈에 제대로 들어오지 않는다. 여유를 갖고 차근차근 읽으면 어렵지 않게 맞출 수 있는 쉬운 문제조차 마음이 급해지면 답을 제대로 떠올리기 어렵다. 글을 읽어도 쉽게 이해되지 않고, 사고도 정지된다. 평소라면 하지 않을 실수를 한다. 시험 종료가 다가오는데도 문제를 다 풀지 못했다면 패닉 상태에 가까워지면서 1~2분 정도 남았을 땐 자포자기 심정으로 아무 답이나 찍을 수밖에 없다. 이렇듯 조바심은 심신에 좋지 않은 영향을 미친다. 어쩌다 한 번은 큰 문제가 되지 않지만, 자주 느낀다면 삶의 질이 떨어질 수밖에 없다. 마치 시험 종료 5분 전과 같은 마음으로 살아야 하기 때문이다.

이마 부위에 자리 잡고 있는 전두엽은 해야 할 일의 결과를 예상하고 우선순위를 정해 실행하게 만드는 기능을 가지고 있다. 일을 순서대로 나열하고 그에 필요한 시간과 자원을 배분해 차질 없이 실행하도록 조직화하는 기능을 수행한다. 그런데 조바심에 사로잡히게 되면 전두엽은 감정의 뇌인 변연계에 주도권을 빼앗긴다. 그런 상황에서는 전두엽의 기능이 저하되어 일의 우선순위를 정할 수 없다. 무엇이 중요한지 알 수 없다 보니 손에 잡히는 대로 일하게 되고, 중요한 일보다 사소한 일에 시간을 쓰게 된다. 주의를 유지하고 집중력을 높여주는 역할을 하는 전두엽이 주도권을 잃으면서 집중력과 주의력이 떨어지는 것이다.

뿐만 아니라 체계적으로 일을 처리하기보다는 즉흥적으로 생각나는 대로 하고, 그나마도 깊이 몰입하지 못하는 문제가 발생한다. 해야 할 일이 많은 경우엔 특히 다급한 마음에 우왕좌왕하면서 한 가지 일도 제대로 마무리하지 못한다. 게다가 불안한 마음 때문에 딴짓을 자주 한다. 당장 눈앞에 놓인 일을 연기하거나 회피함으로써 기분을 좋게 만드는 '기분회복(mood repair)'을 자주 시도하는 것이다. 일하다가 게임을 하거나, 자료를 읽다가 갑자기 연필을 깎거나, 보고서를 쓰다가 쇼츠 같은 영상을 보며 딴짓을 하는 경우가 해당된다. 결국 일에 집중하는 시간이 짧아지니 시간 대비 성과가 낮아질 수밖에 없고, 결과물의 질도 나빠진다. 시간이 지날수록 부정적인 감정이 더욱 커지고, 다음 일에도 영향을 미치는 건 어쩌면 당연한 결과다.

또한 마음이 급해 서두르다 보면 자신이 해야 할 일의 본질을 파악하기보다 피상적인 문제만 다루게 된다. 중요한 것이 무엇인지 몰라 핵심을 놓치다 보니, 실수는 늘어나고 만족할 만한 결과를 얻기 어렵다. 그래서 아무리 오랜 시간을 일해도 역량은 높아지지 않는다. 조바심이 끈기를 방해하므로 무언가에 깊이 몰입하고 지속하지 못해 노하우가 쌓이지 않고 통찰력도 얻지 못한다.

조바심은 감정조절에도 영향을 미치고, 인간관계로까지 이어진다. 조바심에 사로잡히게 되면 전두엽의 기능은 저하되므로 부정적인 감정을 억제하지 못하게 된다. 불안하고 초조한 마음을 해소하기 위해 주위 사람에게 괜히 짜증을 내거나 말을 거칠게 하거나 대수롭지 않은 일에도 화를 낼 수 있다. 감정적으로 기복이 심해지고 일관성이 떨어져 주위 사람들로부터 따돌림을 당할 수 있다. 결국 주변에 사람들이 없어지고 인적 네트워크를 통해 얻을 수 있는 성과들을 놓치게 된다. 혼자 죽어라 열심히 일하지만 돌아오는 건 별로 없다. 가끔은 먼 길을 돌아가게 만들기도 하는 것이 조바심이다.

평상심을 가지고 처리했다면 그리 오래 걸리지 않을 일도 조바심을 내면 충동적으로 의사결정을 내려 결과를 그르칠 수 있다. 작은 바늘귀에 실을 꿴다고 생각해보자. 시간적 압박이 없을 때는 힘들지 않게 실을 꿸 수 있지만 조바심이 나면 어려워진다.

조바심은 대부분 일을 미루거나 시간 관리를 잘 못할 때 자주 일어나곤 한다. 지나치게 여유를 부리면서 일을 미루다 보면 막상 마감 시간이 가까워져도 일을 끝내지 못해 조바심이 커지게 된다.

삶을 보다 여유롭고 즐겁게 살기 위해서는 철저하게 자신의 시간을 관리할 줄 알아야 한다. 세계적인 자기계발 전문가 스티븐 코비는 긴급함과 중요함으로 해야 할 일을 구분하고, 긴급한 일이 아닌 중요한 일에 더욱 많은 시간을 투자해야 한다고 강조

했다. 여기서 중요한 일은 교육을 받거나 역량을 쌓는 등 미래지향적인 성격을 띤다. 이러한 일에 시간을 많이 투자할수록 긴급하게 처리해야 할 일은 줄어들고, 시간이 흐를수록 성과가 높아질 가능성이 커진다. 물론 긴급한 일을 제치고 중요한 일에 시간을 쓰기는 쉽지 않다. 일하다 보면 급한 일이 끼어들기 마련이고, 그런 일을 우선적으로 처리하다 보면 정작 중요한 일을 할 시간이 부족하기 마련이다. 하지만 이 습관을 버리지 못하면 시간의 노예가 되어 다람쥐 쳇바퀴 같은 삶을 살 수밖에 없다. 따라서 이 무한루프를 끊어내고 자신만의 시간 관리 노하우를 터득해 시간을 스스로 통제할 수 있어야 한다.

그러기 위해서는 마감 시간을 세분화해 일을 처리하는 것이 좋다. 뇌는 미래보다 현재를 중요시한다. 지금 처한 상황에서 올바른 결정을 내리고, 즉각적인 위협에 대응하며 보상을 추구하는 방식으로 진화해왔기 때문이다. 그래서 미래를 예측하는 것을 부담스러워하고, 마감까지 여유가 있을 땐 아주 먼 미래의 일로 치부하는 경향이 있다. 애석하게도 변수는 늘 생기기 마련이어서 계획했던 일정을 지키기 어려울 때가 많다. 하루 종일 집중해서 하던 일을 마무리하려고 계획했건만 갑자기 친구가 찾아오는 바람에 시간을 낼 수 없게 되는 등의 일이 생기는데, 이처럼 계획한 것보다 시간이 더 오래 걸릴 때를 일컬어 '계획오류(planning

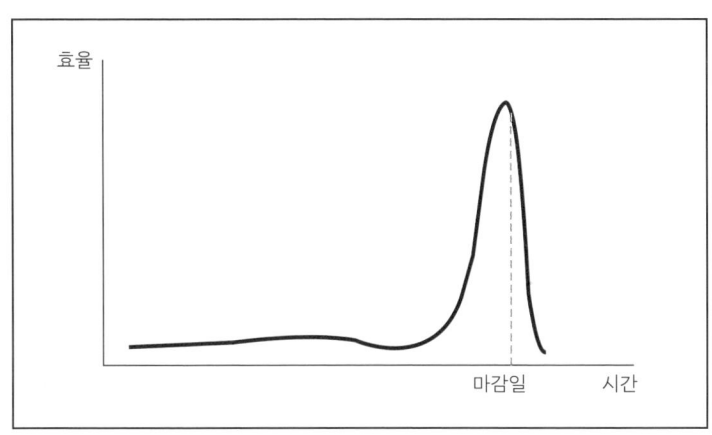

fallacy)'라고 한다. 이런 일이 생기면 여유 있게 보이던 일도 어느 순간 마감에 쫓기면서 조바심이 일어난다.

   마감 시간이 정확하게 정해지지 않은 일은 오히려 더 큰 문제가 일어날 수도 있다. 특정 외국어를 네이티브 수준으로 끌어올리겠다는 결심을 했다고 가정해보자. 이런 일은 언제까지 해야 한다는 납기가 없으므로 뇌는 이 일을 거의 신경 쓰지 않는다. 현재에 닥친 일을 중시하는 경향으로 인해 계속 시작을 미루다 보니 어느 순간 계획했던 일은 흐지부지 사라지고 만다. 그래서 이럴 때일수록 스스로 마감일을 정확히 정하는 게 좋다.

   위 그림에서 볼 수 있듯, 뇌는 일정한 기한 안에 목표를 달성해야 한다는 압박감이 생겼을 때 속도와 효율이 급격히 증가한다. 이를 '마감 시간 효과(deadline effect)'라고 한다. 다시 말해 마감

기한이 정해지지 않으면, 속도와 효율도 더뎌진다는 뜻이다. 따라서 무언가 해야 할 일이 있을 땐 스스로 마감일을 설정하는 게 중요하다. 누가 시키지 않아도 설정해둔 마감일을 반드시 준수하려는 습관을 들일수록 조바심의 늪에 빠지지 않을 수 있다.

명확한 목표가
뇌에 미치는 영향

 선명하고 뚜렷한 인생의 목표를 가진 사람과 목표 없이 사는 사람 중 누가 더 성공 가능성이 높을까? 목표를 가지고 있다고 해서 그것이 모두 달성되는 것은 아니지만 목표가 없는 사람보다 목표가 뚜렷한 사람이 성공할 가능성이 훨씬 높다는 사실을 모르는 사람은 없을 것이다.

 명확한 목표가 있으면 성공 가능성이 높아지는 이유는 한 사람이 가진 모든 에너지와 자원을 목표에 집중할 수 있도록 만들어주기 때문이다. 명확한 목표는 인생이라는 긴 여행에서 궁극적으로 도달하고자 하는 목적지와 같다. 비행기를 타고 떠나는 여행을 떠올려보자. 비행기는 늘 분명한 목적지를 향해 가장 경제적이면서도 짧은 시간에 도달하기 위한 경로를 설정한다. 정해진 목적지가 없는 비행기는 비행경로를 결정하지 못해 좌충우돌하며 여기저기 탐색하느라 연료를 소모하며 위험상황에 처하기 마련이다.

우리 인생도 마찬가지다. 어떤 경로를 택할지 몰라 여기저기 엉뚱한 곳에서 헤매다 보면, 그 과정에서 수많은 시간과 비용을 소모하게 된다. 돈이나 시간, 역량 등 한 사람이 가용할 수 있는 자원은 한계가 있기에 불필요하게 자원을 낭비하다 보면 어느 순간 더 이상 가용할 자원이 남아 있지 않을 수도 있다. 에너지가 모두 소진된 번아웃 상태에 빠지거나 하고 싶은 일이 있어도 살아지는 대로 사는 것에 익숙해질 수 있는 것이다. 내비게이션을 통해 목적지에 빠르게 도착하듯 자신의 목표를 수시로 확인하며 주의를 기울일수록 가진 자원을 효율적으로 활용해 성공 가능성을 높일 수 있다.

인간의 사고와 행동의 기반에는 타인이 나를 바라보는 시선과 평판이 깔려 있다. 다른 사람은 안중에도 없이 독불장군처럼 행동하는 사람들이 간혹 있긴 하지만, 대부분의 사람은 타인이 자신을 어떻게 바라보고 어떻게 평가하는지에 크게 신경을 쓰기 마련이다. 혼자라면 할 수 있는 것들도 다른 사람의 시선을 의식하면 하지 못하거나, 반대로 혼자라면 하지 못할 것을 다른 사람의 시선을 의식해 해내기도 한다.

  한 연구팀이 20세에서 45세 사이의 여성 수백 명에게 16주에 걸쳐 몸무게를 평균 8kg 정도 감량한 뒤 요요현상 없이 일정 기간 유지하도록 요구했다. 연구팀은 여성들을 세 그룹으로 나누어 자신의 감량 목표를 16주에 걸쳐 공개하도록 했다. 첫 번째 그룹은 자신의 이름과 감량 목표를 카드에 적은 뒤 사람들이 볼 수 있도록 운동시설에 게시하도록 했다. 두 번째 그룹 역시 자신의 이름과 감량 목표를 카드에 적어 운동시설에 게시했지만, 2주가 지난 후에는 카드를 제거했다. 세 번째 그룹은 아예 처음부터 감량 목표를 공개하지 않도록 했다. 그렇게 서로 다른 방법으로 목표 달성을 독려한 뒤 16주가 지나 결과를 체크해보니 유의미한 편차가 나타났다.

  장기간에 걸쳐 목표를 공개한 첫 번째 그룹은 100% 이상 목표를 달성했다. 2주간 목표를 공개한 두 번째 그룹은 목표를 약간 밑도는 96%의 달성도를 기록했다. 세 번째 그룹은 88%의 달성도를 기록했다. 첫 번째 그룹 안에서도 개인의 성향에 따라 결과가 다르게 나타났는데, 다른 사람의 시선을 예민하게 받아들이는 사람들은 목표의 105% 수준을 달성한 반면, 다른 사람의 시선을 별로 중요하게 여기지 않는 사람들은 목표의 90% 수준을 달성했다. 이 연구 결과를 통해 타인의 시선이나 평가가 목표 달성 여부에 영향을 미친다는 사실을 알 수 있다.

이는 인간의 두뇌가 가지고 있는 원시적인 특성에 기인한다. 물리적 힘의 세기가 권력이던 원시시대에는 타인의 시선과 평판이 인간의 생존에 절대적일 수밖에 없었다. 경쟁자의 숨통을 한 번에 끊을 수 있는 강력한 이빨도, 상대방에게 치명적인 상처를 입힐 수 있는 날카로운 발톱도, 그 어떤 짐승보다 더 빨리 달릴 수 있는 주행 능력도 갖추지 못한 인간이 맹수나 다른 부족의 위협에서 벗어나 생존하려면 무리에 속해야만 했다. 집단을 이뤄 힘을 합치면 적에 대항했을 때 어느 정도 안전을 보장받지만, 무리에서 쫓겨나면 생존을 장담할 수 없었다. 정직해서 신뢰할 만한 사람으로 여겨지면 무리에 속할 수 있지만, 교활하고 거짓말을 잘해 자신을 배반할 수 있다고 여겨지는 사람은 무리에서 추방되는 게 수순이었다. 무리에서의 추방은 사형 선고나 다름없을 만큼 심각한 고통을 주었으므로 이러한 특성이 여전히 우리의 DNA 속에 남아 있는 것이다.

이렇게 타인의 시선과 평판에 신경을 많이 쓰는 사람일수록 자신의 목표를 타인에게 공개할 경우 목표 달성 가능성은 더욱 높아진다. 목표를 지키지 못했을 때 다른 사람들로부터 신뢰하지 못할 사람으로 비칠 수 있기 때문에 꼭 달성하고 싶은 목표일수록 공개하는 것이 효과적이다.

목표를 글로 쓰거나 그림으로 그리는 등 시각화하는 것도 좋은 방법이다. 뇌는 시각화된 정보를 좋아하기 때문이다. 시각은 사람을 비롯한 영장류에게 가장 주된 감각으로, 전체 신경자원의 50%가 시각정보 처리에 사용될 정도로 중요도가 높다. 그래서 목표를 글로 쓰거나 그림으로 그리면 추상적인 내용들이 구체적인 이미지로 변환되고, 시각적 자극을 줌으로써 더욱 집중할 수 있게 만드는 것이다.

심상훈련도 목표의 달성 가능성을 크게 높여준다. 심상훈련은 실전에서 경기를 하듯 자신이 경기하는 모습을 머릿속으로 이미지화하여 발생 가능한 경우를 점검해보는 것이다. 상황에 따라 자신이 어떻게 대응해야 하는지를 상상해보고, 실전에서 그러한 상황이 발생했을 때 당황하지 않고 훈련한 대로 대처할 수 있다는 점에서 효과적이다. 이런 훈련을 거치면 상황을 떠올려보지 못한 사람들보다 더 큰 성과를 낼 수 있다.

한 연구팀이 상상을 할 때와 실제로 몸을 움직일 때 뇌 활동을 비교해 보았다. 한 그룹에는 실제로 버튼을 준 뒤 누르라고 했고, 다른 한 그룹에게는 버튼을 주지 않은 채 상상만으로 버튼을 누르라고 했다. 이들의 두뇌 활동을 fMRI로 촬영한 결과 놀랍게도 두 그룹의 두뇌 활동이 거의 동일하게 나타났다. 어떤 행동을 하면 뇌는 과거에 그 행동을 했던 경험을 떠올리며 그때 작동했던 두뇌 부위를 활성화한다. 심상훈련이 실제로 효과가 있음을 보여주는 연구 결과다.

경험의 빈도가 높고 성공 횟수가 많을수록 두뇌 활동은 점점 더 정교해진다. 심상훈련이 반복될수록 뇌는 점점 더 정교하게 활동을 통제하고, 실제로 그 행동을 몸으로 옮겼을 때 정확히 수행할 수 있게 된다. 한 연구팀이 사람들을 모집한 뒤 세 그룹으로 나누었다. 첫 번째 그룹은 4주간 매주 다섯 번에 걸쳐 왼손의 손가락 운동을 하도록 했다. 두 번째 그룹은 같은 운동을 같은 시간에 마음속으로만 연습하도록 했다. 세 번째 그룹은 대조군으로 아무것도 하지 않게 했다. 4주가 지난 뒤 보니 첫 번째 그룹은 손가락 힘이 30% 증가했다. 대조군은 아무런 변화가 없었지만, 마음속으로만 연습한 두 번째 그룹은 손가락 힘이 22%나 증가했다.

목표를 글로 쓰거나 그림으로 그리는 것은 그것을 바라보며 목표를 달성했을 때 자신의 달라진 모습을 상상할 수 있도록 해준다. 심상훈련을 하는 것과 같은 효과가 있는 것이다. 목표를 달성한 자신의 모습을 그려보며 반복적으로 목표를 되새길 때, 뇌는 명확한 목적을 가지고 그것에 더욱 집중하게 된다. 그리고 몸으로 전달되는 메시지를 조정해 좀 더 목표지향적으로 행동할 수 있게 만들어준다.

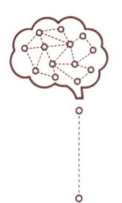

뇌 속의 게으름 DNA를
이겨내는 법

이민규 교수의 저서 《실행이 답이다》에는 부자들의 습관에 관한 이야기가 나온다.

일본의 경영 컨설턴트 혼다 겐도는 부자들이 어떤 생활습관을 가지고 있는지 의문을 품게 되었다. 그래서 일본 국세청의 협조를 얻어 고액세납자 12,000명의 명단을 확보한 뒤 그들에게 성공 습관에 대한 질문을 담은 설문을 발송했다. 이 연구에서 혼다 겐도는 한 가지 사실을 밝혀냈는데, 세금을 많이 낸 사람일수록 요청한 설문에 빠르게 응답했다는 것이다. 또한 이들은 누군가로부터 작은 도움을 받으면 신속하게 감사편지를 보냈으며, 무언가 새로운 일을 구상하면 24시간 안에 실행에 옮겼다고 한다.

세금을 많이 낸다는 것은 소득이 높다는 것이고, 응답이 빠르다는 것은 실행력이 좋다는 것으로 해석할 수 있다. 혼다 겐도는 소득이 높은 사람일수록 실행력이 높다는 결론을 내렸다. 역으로 생각해보면 실행력이 높은 사람일수록 돈을 잘 번다고 해석할 수도 있다.

실행력은 뇌 안의 습관 회로와 관련이 있다. 무언가를 꾸준히 반복하면 뇌에서는 그 일을 처리하기 위한 신경회로가 형성되는데, 이것이 습관 회로다. 실행력이 높은 사람들은 사소한 것조차 무시하지 않고 빠르게 처리할 수 있도록 신경회로가 형성되어 있다. 사소한 것이라고 해서 무시하고 미루는 사람들은 중요한 일도 빠르게 처리하지 못한다.

부자들의 입장에서 성공 요인을 묻는 질문은 답을 해도 그만, 안 해도 그만인 사소한 일에 불과할 것이다. 그럼에도 무시하거나 거절하지 않고 빠르게 설문에 응답했다는 것은 그들이 사소한 일도 미루지 않고 신속하게 처리하도록 뇌의 습관 회로가 형성되어 있다는 점을 보여준다. 잠자리에서 눈을 뜨자마자 일어나는 것, 외출했다 돌아오면 바로 몸을 씻는 것, 집이 더러워지기 전에 바로바로 청소하는 것, 식사를 마치면 바로 양치하는 것, 음식물 쓰레기를 썩기 전에 자주 버리는 것 등등 해야 할 일이 떠올랐을 때 핑계를 대면서 미루지 않고 즉시 처리하는 습관을 갖는 것이 중요하다. 사소한 일을 미루는 것이 습관이 되면 크고 중요한 일들도 뒤로 미루는 습관이 자리 잡게 되면서 실행력이 낮아질 수밖에 없다.

높은 실행력은 높은 자기통제력과도 관련이 있다. 실행력이 높다는 것은 자기통제력이 높다는 것을 의미하기 때문이다. 무언가 해야 할 일이 떠올랐을 때 게으름을 피우지 않고 즉시 실행하기 위해 움직이려면 에너지를 소모하게 된다. 하지만 뇌는 에너지 소모를 줄이기 위해 몸을 움직이지 않는 쪽을 더 선호한다. 뇌는 기본적으로 게으름을 선호한다. 만약의 경우를 대비해 에너지를 비축하기 위해서다.

현대인은 고도로 발달한 문명에서 살아가지만, 뇌는 10,000년 전의 원시시대 습관을 그대로 유지하고 있다. 원시시대에는 언제 어떤 상황에서 맹수를 만나거나 적의 침입을 받아 생명에 위협을 받을지 알 수 없었기에 재빠르게 도망가거나 죽을힘을 다해 맞서 싸우기 위한 에너지가 필요했다. 그래서 그럴 때를 대비해서 늘 에너지를 비축해두려고 했던 뇌의 습관, 즉 게으름의 DNA가 뇌에 새겨져 있는 것이다.

학자들에 따르면 당연하게 여겨지는 행동을 하려고 할 때 뇌에서는 자동적 접근과 통제된 접근 사이에 인식의 불균형이 일어난다고 한다. 예를 들어 운동이 정신적으로나 신체적으로 건강에 좋으므로 운동하는 것은 자동적 접근이다. 하지만 운동은 에너지 소모를 동반하므로 그것을 할 것인지 말 것인지를 뇌에서 무의식적으로 통제한다. 이것을 '운동의 역설(exercise paradox)'이라고 하는데, 이렇게 인식의 불균형이 일어날 때 뇌는 본능적으로 무언가를 하는 것보다 아무것도 하지 않고 가만히 있는 쪽을 선호한다.

재활과학을 연구하는 마티외 부아공티에 교수는 재미있는 실험을 했다. 젊은 성인들을 실험에 참여하도록 한 뒤 각자에게 아바타를 하나씩 나눠주었다. 연구진은 이들에게 컴퓨터 모니터를 통해 달리기나 자전거 타기, 축구, 수영 등 활발한 육체활동이 담긴 사진 여러 장과 소파에 누워 있거나 텔레비전을 보는 등 육체적 움직임이 거의 없는 사진 여러 장을 보여주었다. 모니터에 활발한 신체활동의 사진이 나타나면 자신의 아바타를 최대한 빨리 그림에 가깝게 가져가고, 휴식이나 독서 등 움직임이 없는 사진이 나타나면 그림으로부터 자신의 아바타를 최대한 빨리 멀어지게 하라고 요구했다. 실험 결과 피험자들은 움직임이 있는 사진이 나타날 때 가까이 가거나 움직임이 없는 사진에서 멀어질 때 빠르게 반응했다. 반대의 경우도 실험했는데, 움직임이 많은 사진으로부터 멀어지거나 움직임이 없는 사진으로 가까이 갈 땐 반응 속도가 느려졌다.

이 결과만 놓고 보면 게으름을 벗어던지고 부지런히 움직이는 게 그리 어렵지 않은 것처럼 보인다. 하지만 이때 참가자들의 뇌파를 측정해 보면, 움직임이 없는 사진으로부터 자신의 아바타를 멀리 떨어트릴 때 가장 힘들어했다. 힘들어했다는 것은 뇌에서 가장 많은 에너지 소모가 일어났다는 것을 의미한다. 뇌는 본능적으로는 몸을 움직이지 않고 편안하게 지내고 싶어 하는데, 이를 이겨내고 몸을 움직이려면 대뇌피질에서 여분의 에너지를 끌어내야 한다. 이 때문에 뇌는 귀찮더라도 몸을 움직일지, 아니면 편안함을 추구할지 갈등하며 힘들어한다고 한다. 인간의 뇌는 활발하게 움직이는 것보다는 편안하게 누워 게으름을 추구하도록 설계되어 있다는 사실을 한 번 더 보여주는 실험 결과다.

부자들은 이렇게 본능적으로 뇌에 새겨진 게으름을 뛰어넘는 습관을 가지고 있기에 자기통제력이 뛰어난 사람들인 셈이다.

미국의 작가이자 블로거인 팀 어번은 '할 일을 미루는 사람들의 심리'라는 주제로 진행한 테드(TED) 강연에서 재미난 주장을 했다. 일을 미루지 않는 사람들의 뇌에는 합리적인 의사결정자가 뇌의 주도권을 쥐고 있지만, 게으름을 피우거나 미루기를 좋아하는 사람들은 순간적 만족을 추구하는 원숭이가 뇌의 주도권을 갖는다는 것이다. 합리적인 의사결정자가 주도권을 가질 경우 할 일이 생겼을 때 생산적인 일을 하기 위해 바람직한 의사결정을 내리지만, 원숭이가 주도권을 갖게 되면 온갖 핑계를 대며 일을 미룬다고 한다. 힘들고 고통스러운 시간을 이겨내는 대신 즐거움과 순간적 만족의 시간에 머무르고자 하는 것이다. 그러면서 할 일을 미루다가 못한 것에 대한 죄책감이나 불안, 공포, 자기혐오감 등의 감정에 시달리게 된다.

중요한 시험을 앞두고 '피곤하니 조금만 자고 일어나서 공부할까?'라고 생각하거나 '오늘은 추우니 내일부터 운동하러 나가자'고 핑계를 대는 등 할 일을 미루고 순간의 쾌락을 탐닉하는 경우는 너무나 흔하다. 결국 이것은 뇌 안의 원숭이가 만들어낸 핑계에 불과한 것이다. 그러다가 시험을 망치거나 비만이 되고 나면 사람들은 자신을 의지가 부족한 한심한 인간이라고 자책한다.

성공하는 사람들은 이런 고민에서 자유롭다. 뇌의 주도권을 순간적 만족을 추구하는 원숭이에게 넘기지 않고 합리적인 의사결정자가 쥐도록 만들 줄 알기 때문이다. 그들의 머릿속에는 편안함을 추구하는 원숭이가 없어서 게으름이나 순간의 만족을 추구하는 유혹에 쉽게 넘어가지 않는다. 매사에 그 단계에 이르기 위해서는 자기절제와 자기통제가 필요하다. 순간적 쾌락의 유혹은 너무나 강하고 깊기에 그것을 이겨내기 위해서는 대단한 인내와 노력이 필요하기 때문이다.

해야 할 일을 미루지 않는 것은 개인의 신뢰와도 밀접한 관계가 있다. 누군가에게 보낸 이메일 혹은 문자에 답신이 바로 돌아오거나, 누군가에게 부탁한 일이 약속된 시간 안에 결과물로 나타난다면 그 사람에게 믿음이 생길 수밖에 없다. 그렇게 여러 차례 믿음이 쌓이면 '이 사람은 믿을 수 있는 사람'이라는 신뢰가 형성되고, 관계에서 유리한 고지를 점령할 수 있게 된다. 그러므로 삶을 성공적으로 살고 싶다면 미루는 습관을 버리는 것이 중요하다. 뇌 안의 합리적인 의사결정자가 주도권을 쥐고 순간의 만족을 추구하는 원숭이가 발을 붙이지 못하게 만들어야만 한다.

베스트셀러 작가인 멜 로빈스는 저서 《5초의 법칙》에서 무언가 할 일이 생겼을 때 5초가 지나면 뇌가 핑계를 만들어낸다고 주장했다. 팀 어번의 이야기와 연결 지어 생각해보면, 할 일을 5초 미룰 때 뇌 안의 원숭이가 주도권을 잡기 시작한다는 것이다. 누군가와 저녁 약속이 있는데 예약을 놓쳤다는 게 떠올랐다고 가정해보자. 당장 전화기를 들지 않으면 '지금 책 읽는 중이니 다 읽고 전화하자'라거나, '지금 보는 드라마가 너무 재밌는데 이것만 보고 전화하자' 같이 뒤로 미룰 구실들이 즉시 떠오른다. 하지만 예약이 필요하다는 생각이 떠오르는 즉시 전화를 걸면 그 문제는 곧바로 해결된다. 그래서 멜 로빈스는 무언가 해야 할 일이 떠올랐을 때 크게 심호흡을 한 번 하고 5부터 거꾸로 세라고 했다. 1이 끝나기 전에 몸을 움직이라는 것이다. 그러면 뇌가 핑곗거리를 만들어내지 못한다는 게 그의 주장이다.

    자기 절제와 통제의 노력이 거듭되다 보면 미루지 않는 습관이 뇌 안에 신경회로를 형성하고, 무엇이든 마음먹은 순간에 마음먹은 대로 할 수 있게 된다. 당장 실행하지 않은 일들은 언젠간 부담으로 돌아오기 마련이다. 게다가 실행하지 않은 일들은 기회의 상실로 이어질 수 있어서 조바심의 원인이 되기도 한다. 그래서 큰 일부터 시작하고 도전하기보다 작고 사소한 것부터 미루지 않는 습관을 들이는 것이 중요하다. 이 습관이 결국 인생을 바꾸는 출발점이 될 것이다.

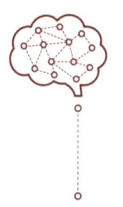

멀티태스킹은
뛰어난 능력일까?

세상이 복잡다단하게 변해가면서 일하는 방식도 다양하게 바뀌었다. 그중 하나가 여러 가지 일을 한꺼번에 하는 멀티태스킹(multi-tasking)이다. 시간은 부족하고 해야 할 일은 많다 보니 차근차근 하나씩 일을 풀어나가기보다 동시에 몇 가지 일을 붙잡고 하는 사람이 많아졌다. 2008년, 취업포털 커리어가 우리나라 직장인 746명을 대상으로 조사한 결과에 따르면, 88.7%가 멀티태스킹을 한다고 한다. 10명 중 9명은 동시에 한 가지 이상의 업무를 수행한다는 것인데, 그렇지 않고서는 쏟아지는 업무를 감당하기 어렵기 때문일 것이다.

멀티태스킹을 하는 이유는 한 번에 여러 가지 일을 하는 사람일수록 업무 능력이 뛰어나고 생산성이 높을 것이라고 생각하기 때문이다. 한 번에 한 가지 일만 하는 사람보다는 한 번에 여러 가지 일을 동시에 해치우는 사람이 더 능력 있어 보이는 것이 사실이다. 영화 〈진주만〉과 〈아마겟돈〉 등을 제작한 제니퍼 클라인은 한꺼번에 서너 가지의 일을 해내는 멀티태스킹 능력이 뛰어나서 주위 사람들로부터 아주 유능한 사람으로 평가받았다고 한다. 세계적인 컨설팅 회사 엑센추어가 세계 32개국의 직장인들을 대상으로 조사한 결과에서도 이러한 인식이 잘 드러난다. 조사 결과에 따르면, 57%가 미래에 가장 주목받을 수 있는 업무 능력으로 멀티태스킹을 꼽았다고 한다. 이처럼 멀티태스킹은 개념적으로나 실무적으로 현대인의 업무처리에 없어서는 안 되는 중요한 요소로 여겨지고 있다. 한 번에 여러 가지 업무를 하면서도 막힘없이 척척 해내는 사람이야말로 일을 잘하는 최고의 인재로 여겨지는 것이다.

그러나 이는 착각이고 착시다. 멀티태스킹은 결코 효과적이지도 않고, 또 효율적이지도 않다. 인간의 두뇌 효율을 급격히 저하시키고, 나아가서 두뇌를 손상시키는 것이 멀티태스킹이기 때문에 이를 해서는 안 된다. 인간의 두뇌에서 가장 중요한 부위는 이마 쪽에 위치한 전두엽이다. 특히 가장 앞쪽에 자리한 전전두엽은 그 어떤 부위보다 중요하다. 논리적인 사고와 합리적이고 이성적인 판단을 담당하고, 또 두뇌의 CEO이자 인간을 인간답게 만들어주는 부위가 전두엽이기 때문이다.

전두엽이 제 기능을 하지 못하면 논리적인 사고가 되지 않기 때문에 합리적인 의사결정을 내리기 어려워지고, 옵션에 따른 다양한 결과들을 예상하지 못해서 목적에 맞는 계획을 세울 수가 없다. 일을 조직화하지 못해 계획을 수립하는 게 어렵고, 시간 관리가 어려워 지각을 자주 하거나 일정을 준수하지 못한다. 주의력과 집중력이 떨어져 무언가에 몰입하기 어려워진다. 또한 감정이나 충동의 억제가 이루어지지 않아서 이성적으로 의사결정을 내리기 어려워진다는 문제가 발생한다. 자신이 하는 일에서 최고의 성과를 내기 위해서는 전두엽의 기능을 최대로 활용해야 하는데, 멀티태스킹은 이 전두엽의 기능을 떨어뜨리는 요인이다.

스탠퍼드 대학교 연구팀에 따르면, 멀티태스킹은 주의력과 판단력을 떨어트리는 요인이 된다. 연구팀은 무작위로 사람들을 모집한 뒤 '과도한 멀티태스커'와 '보통 사람'의 두 그룹으로 나누었다. 이들에게 모니터를 통해 빨간색과 파란색 사각형 이미지를 보여주고, 파란색 사각형을 무시하라고 했다. 그런 다음 두 번째 이미지를 보여주면서 빨간색 사각형의 위치가 달라졌는지 물었다. 이 실험에서 보통 사람들은 문제를 푸는 데 별다른 어려움을 느끼지 못했지만, 과도한 멀티태스커들은 빨간색 사각형의 위치가 달라진 것을 쉽게 알아채지 못했다. 불필요한 정보인 파란색 사각형을 걸러내는 능력이 보통 사람들보다 많이 부족했기 때문이다. 이 실험은 멀티태스킹 하는 사람들이 모든 정보를 거르지 않고 받아들임으로써 주의가 분산된다는 사실을 잘 보여준다. 멀티태스킹을 많이 하는 사람일수록 그렇지 않은 사람에 비해 주의력과 집중력이 떨어지는 것이다.

멀티태스킹을 하는 이유 중 하나는 많은 일을 한꺼번에 끝내려는 의도가 있기 때문이다. 여러 가지 일을 빨리 끝내고자 하는 것이지만, 실제 결과를 보면 결코 그렇지 않다. 제럴드 바인베르그 교수의 연구 결과에 따르면, 동시에 수행하는 과제가 많아질수록 과제 간의 주의 전환에 소모되는 시간이 길어진다. 하나의 과제를 수행하다가 다른 과제를 수행하게 되면 새로운 과제가 어느 정도 진행되었는지, 지난번에 어디까지 진도가 나갔는지, 무엇을 하다가 그만두었는지, 그 일의 맥락이 무엇인지 등을 파악해야 일을 연속적으로 해나갈 수 있는데 그러기 위해서 시간이 필요한 것이다.

두뇌에서도 해당 과제의 수행에 필요한 신경회로들을 찾아내어 배정해야 한다. 다음 페이지의 표에서 보는 것처럼 하나의 과제를 수행할 때는 그 과제에 모든 시간과 역량을 할애할 수 있지만, 과제가 둘로 늘어나면 과제 전환에 필요한 시간이 20%가 됨

동시에 수행되는 프로젝트 수	프로젝트별 할당되는 시간의 비중	과제 전환으로 인해 소모되는 시간의 비중
1	100%	0%
2	40%	20%
3	20%	40%
4	10%	60%
5	5%	75%

으로써 각각의 과제에 할애할 수 있는 시간은 50%가 아닌 40%로 줄어든다. 과제 수가 늘어날수록 과제 간의 전환에 소모되는 시간도 늘어나 과제 자체에 할애할 수 있는 시간은 급격히 줄어든다.

멀티태스킹이 시간을 단축하기 위한 방법이 아니라는 것은 간단한 실험을 통해서도 검증할 수 있다. 다음 페이지의 그림과 같이 아라비아 숫자, 로마 숫자, 그리고 영어가 있다. 초시계를 켜고 이 숫자들을 모두 적을 때까지 걸리는 시간을 측정해보자. 첫 번째는 가로로 순서대로 적는 것이다. 1부터 10까지 아라비아 숫자를 모두 적고, 그 다음엔 I부터 X까지 로마 숫자를, 그리고 마지막으로 A부터 J까지 영어를 순서대로 적으면서 걸린 시간을 기록해보자. 두 번째는 아라비아 숫자-로마 숫자-영어의 순으로 번갈아 가며 적어보자. 1-I-A, 2-II-B, 3-III-C와 같이 말이다. 이것 역시 시간을 측정한다. 물론 두 방법 모두 그림을 보지 않고 해야 한다.

```
1 2 3 4 5 6 7 8 9 10
I Ⅱ Ⅲ Ⅳ Ⅴ Ⅵ Ⅶ Ⅷ Ⅸ Ⅹ
A B C D E F G H I J
```

결과는 당연히 첫 번째 방법이 훨씬 빠르다. 멀티태스킹은 두 번째 방법과 같은 것이어서 일을 빨리 마칠 수 없다.

멀티태스킹은 인지 능력의 저하를 불러오고 이로 인해 사고력이나 판단력이 낮아지도록 만들기도 한다. 캘리포니아 대학교의 인지학자 해럴드 패실러의 연구에 따르면, 두 가지 일을 한꺼번에 할 경우 하버드 대학교 MBA 수준의 인지 능력이 8세 수준으로 떨어진다고 한다. 런던 대학교 연구팀도 비슷한 연구 결과를 보여주었다. 멀티태스킹을 한 사람들은 마리화나를 피우거나 밤을 꼬박 새운 상태일 때와 비슷한 수준으로 IQ가 낮아진다는 것이다. 멀티태스킹을 할 경우 평소보다 IQ 점수가 무려 15점이나 떨어진다고 한다.

이렇듯 여러 가지 일을 동시에 하는 것이 낮은 인지 능력에서 일을 하는 것과 마찬가지인 셈이다. 멀티태스킹이 주의 전환이나 인지 능력 저하를 가져오는 이유는 두뇌에서 에너지 소모가 급격히 이루어지기 때문이다. 하나의 일에서 다른 일로 전환하는 데는 작업기억을 필요로 하는데, 이때 전두엽의 에너지가 소모된다. 만일 한 번에 다루는 과제가 많아지면 과제수행과 주의 전환에 많은 작업기억이 필요하게 되어 에너지 소모가 급증해 주의 전환이나 인지 능력에 어려움을 겪을 수밖에 없다는 것이다.

멀티태스킹은 감성지수(EQ)의 저하를 불러오기도 한다. 한 컨설팅 회사의 보고서에 따르면, 최고성과자의 90% 이상이 높은 EQ를 나타냈다고 한다. EQ가 높을수록 공감 능력이 뛰어나고 사회관계의 질이 높아 주변 사람들의 협조를 얻을 수 있는데, 업무 성과와의 상관관계가 58%에 이른다고 한다. EQ가 높을수록 성과가 뛰어나다고 볼 수 있는 것이다.

그런데 멀티태스커들은 업무회의나 협상에서 좋은 성과를 나타내지 못하고, 다른 직원들과의 관계가 원활하지 못해 공동의 업무 수행 역량이 떨어질 수 있다고 한다. 영국의 서식스 대학교 연구 결과에서도 멀티태스킹의 위험성이 잘 드러난다. 연구진은 텔레비전 앞에 앉아서 노트북이나 모바일 기기를 이용해 멀티태스킹을 하는 사람들을 MRI로 측정한 결과, 전대상피질의 밀도가 상대적으로 낮게 나타났다고 한다. 전대상피질은 감정중추인 변연계와 대뇌피질을 이어주는 영역으로 감정 조절이나 인지 조절, 공감 능력 등 EQ의 핵심이 되는 곳이다. 이 부위의 밀도가 낮다는 것은 그러한 기능이 떨어지고 사회적 활동이 지장을 받을 수밖에 없음을 나타낸다.

인간의 뇌는 한 번에 하나씩의 일만 수행하는 데 적합하도록 발달했기 때문에 하나의 일만 집중해서 할 때 최고의 역량을 발휘할 수 있다. 두 가지 일을 동시에 할 경우 좌뇌와 우뇌의 전두엽이 각각 다른 일을 나누어서 할 수는 있지만, 하나의 일만 집중적으로 할 때와 비교하면 효율은 떨어진다. 만일 그 이상을 처리하려고 하면 뇌는 본래의 기능을 발휘할 수 없어 실수가 잦아지고 업무 성과도 그만큼 저하된다.

일례로, 혼자 조용히 운전할 때는 공간감각을 파악하는 기능을 담당하는 두정엽의 기능이 최고조로 발휘되어 실수 없이 운전할 수 있다. 하지만 운전하는 도중에 누군가가 문제를 내고 참인지 거짓인지 판별하도록 하면, 두정엽의 기능은 저하되고 듣기 기능을 담당하는 측두엽의 기능은 활성화된다. 즉, 운전에만 집중해야 할 뇌의 기능이 분산됨으로써 주의가 산만해지는 것이다. 실제로 운전하면서 옆 사람과 대화하다 보면 신호를 제대로 보지 못하거나 빠져나가야 할 출구를 놓치는 등의 실수가 생기고, 대화의 내용을 잘 기억하지 못하는 일도 생긴다.

멀티태스킹은 뛰어난 능력의 상징인 것처럼 생각되지만, 마치 직선도로를 달리지 못하고 구불구불한 산길을 달리는 것과도 같다. 그래서 일을 잘하고 좋은 성과를 내기 위해서는 한 번에 한 가지 일만 하는 것이 바람직하다.

휴식 속에서 갑자기 아이디어가 떠오르는 이유는 무엇일까?

아르키메데스와 뉴턴의 공통점은 무엇일까? 두 사람이 공통점이 있나 라고 의아하게 생각할지 모르겠지만, 두 사람은 분명 공통점이 있다. 아르키메데스는 부력의 원리를 발견했고, 뉴턴은 만유인력의 원리를 발견했다. 두 사람이 발견한 원리는 인류의 학문과 문명 발달에 크게 기여했다. 창의적인 사고로 물리법칙을 발견했다는 것이 그들의 첫 번째 공통점이다. 두 번째 공통점은 그들이 세계 역사를 뒤바꿀 만한 통찰력을 발휘할 당시 일에서 벗어난 상태였다는 점이다. 한 사람은 목욕탕에서, 다른 한 사람은 사과나무 밑에서 지친 머리를 식히며 휴식을 취하고 있었다는 것이다.

급격히 바뀌는 사회에서 빠른 변화는 경쟁과 적응의 문제를 야기하기도 하지만, 다른 한편으로는 좋은 아이디어 하나만으로도 성공의 열차에 올라탈 수 있게 만들어 준다는 장점이 있다. 디지털 시대에 들어서면서 아이디어 하나만으로도 큰 사업을 일구고 성공의 반열에 오른 사람들이 늘어나고 있다. 예전부터 창의력은 성공적인 삶을 위한 중요한 요소로 여겨졌지만, 아이디어가 중요한 오늘날에는 더욱더 그 중요성이 커지고 있다. 그래서 평소 창조적인 통찰력을 기를 수 있다면 삶에서 큰 경쟁력을 얻는 것이라 할 수 있다.

그렇다면 창조적인 통찰력은 어떻게 만들어질까? 통찰력은 머리가 좋은 사람에게서만 나타나는 특징일까? 결코 그렇지 않다. 통찰력은 우리 누구나 지니고 있다. 세상을 바꿀 아이디어가 누구에게나 떠오르지만, 그것을 붙잡지 못하고 흘려버리거나 스스로 인지하지 못할 뿐이다.

창조적인 통찰력은 '몰입-교착-통찰'의 세 단계를 거쳐 나타난다. 우선, 무언가 해결해야 할 과제가 주어지면 뇌는 '주의 모드(attention mode)'가 활성화된다. 주의 모드라는 부위가 따로 있는 것은 아니고 주어진 문제에 따라 달라지는데, 문제 해결에 필요한 두뇌 부위들에 에너지가 집중되고 활성화된다. 주변의 소음이나 방해요소들을 차단하고, 문제 자체에만 집중할 수 있게 만들어준다. 뇌에서는 베타파의 방출이 높아지면서 고도의 집중력을 발휘하고 문제 해결에 몰입하게 된다.

주의 모드 중 하나인 전전두엽은 문제 해결을 돕기 위해 인지 능력을 최대로 활용할 수 있도록 도와주는데, 이것이 선한 의도와는 달리 문제를 일으키기도 한다. 문제 해결과는 무관한 주변의 요소들이 방해하지 않도록 자극을 차단하는 것이다. 여기에 도파민이나 아세틸콜린, 노르에피네프린 같은 신경전달물질들도 집중력을 발휘하며 자극을 차단할 수 있게 돕는다. 통찰력은 눈에 보이지 않는 이면을 보는 것이다. 다른 사람들이 보지 못하는 것을 볼 때 통찰력을 갖게 되는데, 창조적 통찰력은 다양한 가능성을 연결해봄으로써 발휘될 수 있다. 즉, 언뜻 보기에는 무관해 보이는 요소들이 무작위로 묶이고 연결되면서 기존의 논리적인 사고나 상식으로는 생각할 수 없는 해결책이 떠오르는 것이다. 그런데 전전두엽이 집중력을 발휘하면서 잠재적 해결방안들이 될 수 있는 다소 무관한 자극들이 머릿속에 떠오르는 것을 원천 차단하고 있으니 좋은 아이디어가 떠오를 수 없게 되는 것이다. 몰입을 도와주는 두뇌의 뛰어난 성능으로 인해 오히려 문제가 해결되지 않고 교착 상태에 빠지게 되는 것이다.

무언가 해결하고 싶은 문제가 있다고 해서 사무실에서 아무리 머리를 싸매고 끙끙대도 해결책은 쉽사리 떠오르지 않는다. 아르키메데스도 숙제를 내준 왕으로부터 생명의 위협을 당했지만 사무실에서는 끝내 답을 찾을 수 없었다. 문제 해결을 돕고 싶어 하는 전전두엽은 오로지 문제에만 집중하도록 시야를 좁게 함으로써 터널 비전을 만든다. 주변을 폭넓게 보지 못하는 것이다.

그렇게 교착 상태에 빠져 끙끙대다 보면 전전두엽은 어느 순간 슬그머니 문제에서 손을 떼고 싶어 한다. 그리고 두뇌는 주의 모드에서 벗어난다. 몰입 상태에서 빠져나오는 것이다. 그 순간 뇌 안의 주의 모드에는 불이 꺼지고, 디폴트 모드(default mode)에 불이 들어온다. 디폴트 모드는 뇌가 무언가에 집중하거나 몰입하지 않을 때 활성화되는 뇌 부위다. 멍 때리거나 휴식을 취할 때 가동되는 부위가 바로 디폴트 모드다. 디폴트 모드가 가동되면 귀 바로 위에 있는 전측 상측두회가 활성화되면서 알파파의 방출이 증가한다. 알파파는 눈을 감거나 휴식 상태에서 많이 방출되는 뇌파로, 방출량이 늘면 창의적인 아이디어가 떠오를 가능성이 높아진다.

디폴트 모드에서 뇌는 아무것도 하지 않는 것이 아니라 주의 모드에서 다루던 정보들을 다시 한 번 검색해보고 불필요한 것은 버리거나 서로 연관성이 없는 것들을 연결하면서 정보를 다시 한 번 점검해본다. 창의력은 무관한 정보들 사이에서 연관성을 찾는 것인데, 디폴트 모드에서 서로 관련 없어 보이는 정보들을 연결하다 보면 불현듯 아주 좋은 아이디어가 떠오르고 새로운 신경회로가 만들어진다. 이때 감마파가 급증하며 최고치를 찍는다. 창의적인 아이디어가 불현듯 샘솟게 되는 것이다. 이것이 창조적인 통찰력이 나타나는 '몰입-교착-통찰'의 세 가지 단계다.

많은 사람이 성공하기 위해서는 한눈팔지 말고 일만 열심히 해야 한다고 생각한다. 사실 과거에는 그런 사람들이 성공하는 경우가 많았다. '4당 5락'이라는 말처럼 적게 자면서 공부만 하는 사람들이 출세하던 시절이 있었다. 하지만 세상이 바뀌면서 몸보다는 머리를 쓰는 것이 더욱 중요해졌다. 이제는 창조적인 사고 하나만으로도 몇십 년 동안 이룰 만한 일을 하루아침에 이룰 수 있다. 오히려 한눈팔지 않고 일에만 몰두하면서 교착 상태에 빠지는 것보다는 창조적인 통찰력을 떠올릴 수 있는 방식으로 일하는 것이 더 효율적이다. 교착 상태에 빠졌을 때 벗어나는 방법은 휴식을 취하는 것이며, 이때 좋은 아이디어가 떠오를 가능성이 커진다.

서양에서는 '3B'라는 말이 있다. 3B는 버스(Bus), 침대(Bed), 화장실(Bath)을 의미한다. 모두 일에서 벗어나 지친 두뇌를 쉬게 만들어주는 순간으로 디폴트 모드가 가동된다. 아르키메데스가 부력의 원리를 떠올린 장소나 뉴턴이 만유인력의 원리를 떠올린 곳 모두 이에 해당한다. 이마도 자려고 침대에 누웠다가 좋은 생각이 떠올라 다시 일어나거나 대중교통을 타고 출퇴근하다가 문득 아이디어가 떠오른 경험이 있을 것이다. 이러한 서양의 3B와 마찬가지로 동양에는 '3상(上)'이 있다. 마상(馬上), 침상(枕上), 측상(厠上)으로 서양의 3B와 같다.

뇌는 쉬지 않고 일하지만 주의 모드로만 일하는 뇌는 좋은 아이디어를 떠올리지 못한다. 일만 하는 뇌는 벌겋게 과열된 백열전구와도 같다. 주어진 인풋을 받아 정해진 아웃풋을 만들어내는 것은 잘할지 모르지만 창조적 통찰력을 발휘하기는 어렵다. 창조적 통찰력을 발휘하려면 뇌에 휴식을 주어야 한다. 무언가에 무섭게 몰입하고 교착 상태에서 끙끙대며 고민하다가 휴식 상태를 맞이할 때 뇌의 창조적 통찰력은 급격히 올라간다.

물론 몰입이나 교착 상태 없이 휴식만 취한다고 좋은 아이디어를 떠올리기는 어렵다. 필요할 때 적절한 휴식을 취할 줄 알아야 한다. 그래서 일을 하다가 산책을 하거나 시간을 할애해 여행을 하는 것도 통찰력을 높이는 좋은 방법 중 하나다. 여행을 가면 두뇌는 낯선 환경에 자극을 받아 더욱 좋은 아이디어를 떠올릴 수 있다.

일만 하는 '일 바보'보다는 가끔은 휴식도 취할 줄 아는 사람이 더욱 성공에 가까이 갈 수 있음을 잊지 말자.

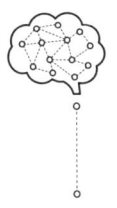

검색 시대에
사고력을 키우는 법

우리는 살아가면서 많은 문제를 맞닥뜨리게 되는데, 그것들을 해결하기 위해서는 사고하고 분석하는 힘이 필요하다. 이를 사고력이라고 한다. 과거에는 문제들이 지금보다 상대적으로 덜 복잡하고 독립적이었지만, 갈수록 사회가 복잡해지면서 문제가 서로 얽히고설켜 복잡성이 더욱 증가하고 있다. 문제를 해결하기 위해서는 과거보다 훨씬 높은 사고력을 갖추어야만 한다. 또한 기술의 발달로 인해 우리 주위에는 수많은 정보가 넘쳐난다. 무엇이든 해결하고 싶은 것이 있으면 인터넷을 통해 검색만 하면 근사치의 답을 얻을 수 있다. 예전에는 풀리지 않는 문제의 답을 얻기 위해 발로 뛰며 오랜 시간을 두고 고민에 고민을 거듭했다. 하지만 지금은 '검색이 사색을 대체했다'는 말이 나올 정도로 사색보다는 검색을 통해 답을 얻으려고 한다. 그러나 계속 쉬운 방법으로 답을 찾으려다 보면, 점점 더 깊이 있게 사고하는 힘을 잃어버리게 된다. 최근 들어 챗GPT를 비롯해 많은 생성형 인공지능 서비스가 각광받고 있다. 많은 사람이 챗GPT를 통해 지식은 물론 사고의 도움까지 받으려 한다.

내비게이션이 없던 30년 전만 해도 종이 지도나 경험에 의존해 길을 찾았지만, 내비게이션이 보편화되면서 길을 찾는 데 뇌를 쓰려 하지 않게 되었다. 이렇듯 스스로 사고하기보다 문명의 이기를 이용해 사고를 대체하려는 경향이 강해지고 있다.

실제로 이를 증명하는 실험이 일본에서 진행된 적이 있다. 연구팀이 사람들을 모집한 뒤 걸어서 특정 장소까지 찾아가도록 과제를 주었다. 첫 번째 그룹에게는 휴대폰을 주고 내비게이션을 이용해서 목적지까지 찾아가도록 했다. 참가자들은 휴대폰을 보면서 내비게이션이 안내하는 대로 목적지까지 가기만 하면 되었다. 두 번째 그룹에게는 종이 지도를 주었다. 이 그룹은 종이 지도를 보며 주위의 지형이나 건물과 비교하며 목적지를 찾아야 했다. 세 번째 그룹에게는 아무런 보조 도구 없이 말로 목적지까지 이르는 길을 설명해 주었다. 일정 시간이 지나자 모든 사람이 목적지에 도착했다.

연구팀은 이들에게 출발지에서 목적지까지의 경로를 지도로 그려달라고 요청했다. 첫 번째 그룹과 두 번째 그룹은 내비게이션이나 지도를 보지 않고 그려달라고 했다. 세 그룹 중에서 지도를 가장 잘 그린 그룹은 어떤 그룹일까? 바로 아무런 보조 도구 없이 설명만 듣고 목적지까지 찾아간 사람들이었다. 그들은 어려워하지 않고 지도를 정확하고 자세히 그려냈다.

지도 그리기를 가장 힘들어했던 그룹은 첫 번째 그룹이었다. 내비게이션을 이용한 그룹은 기계가 알려주는 대로 아무 생각 없이 따라가기만 했을 뿐 어떤 경로를 통해 목적지에 도착하는지 전혀 생각해보지 않았기 때문이다. 그래서 경로를 그림으로 재현하는 데 가장 큰 어려움을 겪었다. 이 그룹은 지도를 보거나 설명만 들은 그룹보다 가장 먼 경로를 돌아왔고, 중간에 가장 많이 멈추어 주변을 두리번거리기도 했다. 스스로 생각하지 않고 기계가 알려주는 대로 걷다 보니 자신이 가는 길에 대한 확신을 가지기 힘들었던 것이다. 결국 문명의 이기인 내비게이션에 대한 높은 의존도가 두뇌를 활용하려는 노력을 저하시킨 것이라 할 수 있다.

뇌는 자신이 의존할 수 있는 수단이 있다고 판단되면 스스로 노력하는 것을 멈추려고 한다. 에너지 소모를 줄이고 효율을 추구하기 위해서다. 만일 두뇌를 제대로 활용하고 싶다면 되도록 사고를 제한할 수 있는 도구의 사용은 줄이는 것이 바람직하다. 그뿐만이 아니다. 지렛대 효과 혹은 네트워크 효과를 극대화하기 위해 주위 전문가들의 힘을 빌리는 경우가 많은데, 지나친 의존은 두뇌 활동을 저하시키고 사고력을 낮아지게 한다.

에모리 대학교 연구진은 사람들을 모집한 뒤 돈을 나누어주고 투자하도록 하는 실험을 진행했다. 실험은 적은 금액이지만 확실하게 수익이 보장되는 상품과 리스크는 크지만 높은 수익을 얻을 수 있는 복권 중 하나를 선택해서 투자를 결정하도록 하는 것이었다. 연구팀은 피험자들이 투자 결정을 하는 동안 참고할 수 있도록 재정전문가들을 소개시켜줬다. 전문가들은 투자지도사 자격증을 보유한 사람들이어서 참가자들은 이것을 보고 전문가들을 신뢰하게 되었다. 참가자들은 컴퓨터 화면에 보이는 확률과 금액이 명시된 두 가지 옵션 중 하나를 선택해서 투자여부를 결정하도록 요청받았다. 만일 컴퓨터 화면에 '수락'이라는 단어가 나타나면 전문가가 투자해도 좋다고 승인한 것이다. 반대로 '거절'이라는 단어가 나타나면 전문가들이 투자해서는 안 된다고 판단한 것이다. 이렇게 반 정도의 경우에는 '수락'이나 '거절' 등으로 전문가의 의견을 표시해주고, 나머지 반에 대해서는 '자문 불가'라는 글자를 보여주었다. 전문가들도 쉽게 판단하기 어려우므로 참가자 스스로 투자를 결정하라는 것이었다.

실험이 진행되는 동안 연구팀은 fMRI를 이용해 피험자들의 두뇌 활동을 실시간으로 관찰했는데, 전문가의 조언 여부에 따라 신경 활동이 크게 바뀌는 것을 알게 되었다. 즉 전문가가 수락하거나 거절하는 경우 참가자들은 의심 없이 전문가들의 의견을 따랐는데, 이 경우 두뇌의 신경 활동은 아주 낮게 나타났다. 전문가의 의견에 따라 결정할 생각 때문에 굳이 사고할 필요를 느끼지 않아 두뇌에서의 신경 활동도 낮게 나타난 것이다. 반면 전문가의 조언이 없는 경우에는 스스로 투자 여부를 결정해야 했으므로 두뇌에서의 신경 활동이 아주 활발하게 나타났다. 이 실험은 사람들이 자신보다 우월한 역량을 가진 전문가의 사고는 뛰어날 것이라 믿어서 스스로 생각하고 판단하기보다 의견을 따르는 편이 뛰어난 의사결정이라고 믿는다는 사실을 보여준다. 굳이 자신이 힘들게 생각하지 않아도 전문가의 의견을 따르는 것만으로도 좋은 결과를 얻을 수 있으므로 스스로 사고하는 것을 제한하는 것이다.

자신에게 닥친 문제를 해결하기 위해서는 혼자의 힘만으로는 벅찬 경우가 있다. 이런 경우에는 주위 사람들, 특히 전문가의 의견을 구하면 큰 도움이 된다. 하지만 지나치게 전문가에게 의존하게 되면 스스로 사고하는 깊이가 낮아질 수밖에 없다. 시리분별력이 떨어지고 옳고 그름, 진퇴에 대한 판단이 어려워진다.

전문가라고 해서 그들이 늘 옳은 것은 아니다. 전문가가 일반인보다 뛰어난 것은 사실이지만, 그들도 경험이나 지식에 한계가 있을 수밖에 없고 사고나 판단에 제약이 따를 수 있다. 대체로 옳은 판단을 내릴 수 있지만, 오판하거나 실수할 가능성도 분명히 존재한다. 수많은 투자 상품이 기대보다 수익을 내지 못한다는 사실은 전문가라고 해서 모두 옳은 것은 아님을 보여준다. "경제학자들 중에 투자로 돈을 번 사람이 없다"는 말도 이를 뒷받침한다. 전문가가 내린 잘못된 판단의 결과는 고스란히 본인이 책임을 져야 한다. 투자전문가들을 믿고 투자한 금액이 큰 손실을 냈다고 해서 전문가들이 책임을 져주는 것은 아니다.

　그러므로 전문가의 활용은 편의성을 극대화하는 수단이 될 수는 있지만, 한편으로는 사고의 폭과 깊이를 약화시킬 수 있다. 깊이 있고 고차원적인 사고의 힘 없이 복잡한 문제를 분석하고 합리적인 의사결정을 내리기는 어렵다. 운이 좋아 성과를 낼 수는 있지만, 반복적으로 열매를 맺기는 어렵다. 전문가들의 의견을 참고하되 스스로 사고하는 힘을 길러야 한다. 의심하고 비판적으로 사고하는 힘을 길러야 전문가들의 말에 줏대 없이 흔들리다 큰 손해를 입는 결과를 피할 수 있다. 그리고 그런 과정을 거쳐야 모든 상황에서 스스로 대처할 수 있는 역량이 길러진다.

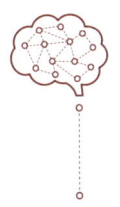

작은 성공의 반복이
뇌를 활성화한다

뇌는 보상과 강화의 원리에 따라 움직인다. 보상이 주어지는 일은 자주 하려고 하지만, 보상이 주어지지 않는 일은 회피하려고 한다. 그런데 보상은 내성을 가지고 있다. 처음에는 10만큼의 자극에 의해 10만큼의 쾌감을 느낀다면, 시간이 지나면서 그 쾌감의 한계효용가치는 줄어든다. 10만큼의 자극이 주어져도 쾌감은 9 정도로 떨어지고, 시간이 지나면서 그 쾌감의 수치가 8, 7, 6 등으로 점점 줄어드는 식이다. 그러면 어느 순간 지금껏 재미있게 해오던 일이 재미없게 느껴지고, 더욱 큰 쾌감을 느끼기 위해 강한 자극을 추구하게 된다. 이것이 중독의 메커니즘이다.

주식 투자를 예로 들어보자. 처음에는 재미 삼아 적은 수량으로 주식을 사고판다. 치킨 한 마리를 사 먹을 정도의 적은 수익에도 기뻐하고 감사해한다. 아쉽게도 기쁨의 효용은 시간이 지날수록 줄어들어 같은 수익에 만족을 느끼지 못한다. 욕심이 생겨 더욱 큰 수익을 만들어내길 원하고, 가진 돈을 모두 털어 더욱 많은 주식을 매수한다. 이렇게 되면 소소한 즐거움이던 주식 투자는 갈수록 만족할 수 없는 갈증으로 바뀌게 되고, 그 갈증을 해소하기 위해 무리한 투자가 이어진다. 운이 좋으면 바라는 대로 큰돈을 벌 수도 있지만, 자칫 가진 돈을 전부 날리게 될 수도 있다. 실제로 이런 모습을 주위에서 어렵지 않게 볼 수 있다.

성공의 빈도가 잦아지면 작은 성공은 우습게 여기고 눈에 들어오지도 않는다. '티끌 모아 태산'이라는 말처럼 작은 성공이 모여 그것이 튼튼한 기반을 이루고 그 위에 점점 큰 성공들이 모여나가며 거대한 성공을 불러오는 것이 진리다. 하지만 큰 성공에 눈이 멀면 그 진리가 보이지 않게 된다. 그래서 큰 성공만 쫓으며 작은 일들은 무시하게 된다.

큰 성공을 거둔 사람들은 다르다. 그들은 작은 것을 우습게 여기기 않는다. 그들은 큰 일만 쫓는 것이 아니라 작은 일도 중요하게 여긴다. 남들이 업신여길 만한 작은 일, 폼 나지 않는 소소한 일에도 관심을 갖고 그 안에서 기회를 찾으려고 한다.

동네 구멍가게들을 현대적으로 해석해 성공한 것이 편의점 사업이다. 동네 빵집을 표준화하고 규격화해 수익 사업으로 만든 것이 파리바게뜨나 뚜레쥬르와 같은 프랜차이즈다. 기름때 찌든 주방에서 몇 마리씩 튀겨 팔던 치킨을 맛을 표준화하고 매뉴얼화한 것이 치킨 프랜차이즈다. 작은 가게도 하나씩 뜯어보면서 다른 관점으로 바라보면, 그 안에 큰돈을 벌 수 있는 사업 기회와 성공의 기회를 찾을 수 있다. 작은 것이라고 무시하고 지나치면 큰 성공도 놓칠 수밖에 없다.

작은 일, 그리고 그것을 통해 얻는 작은 성공을 결코 우습게 보아서는 안 된다. 큰 시각에서 보면, 작은 성공도 큰 성공도 모두 똑같은 성공일 뿐이다. 한 번의 큰 성공에 뇌가 반응하면 그 성공으로 인한 보상에 취해 이후로는 작은 성공 따위는 거들떠보지도 않게 된다. 도박으로 한순간에 10억 원이라는 큰돈을 번 사람은 매월 받는 500만 원의 월급에 결코 만족하지 못한다. 그래서 쉽사리 도박장을 떠나지 못한다. 로또에 당첨된 사람이 모든 돈을 날리고 빈털터리가 되었다는 뉴스를 어렵지 않게 볼 수 있다. 큰 성공만 추구하면 작은 일을 무시하면서 소홀히 하고, 감당하기 힘든 큰일에만 매달리게 된다. 작은 성과들이 빈틈없이 단단하게 기초를 만들어주어야 하는데 큰 성과에만 매달리니 구멍이 숭숭 뚫린 허술한 탑이 만들어지는 셈이다.

보상이 잦아질수록 뇌는 더욱 자극을 받아 활성화되고 좋은 아이디어를 떠올릴 수 있게 된다. 이는 다른 성공으로 연결된다. 큰 성공은 그것에 이르기까지 인내하고 감수해야 할 것이 많다. 만약 그것만 추구하면 자칫 성과를 내기도 전에 지쳐버릴 수도, 성공 대신 실패의 좌절감만 맛볼 수도 있다. 몇 년이 걸려야만 성과를 볼 수 있는 큰일은 시간이 지나면서 추진력이 떨어지고 의지도 낮아져 실행력이 저하될 수밖에 없다. 뇌에서도 성공회로가 만들어지지 않는다.

인간의 의지력에는 한계가 있어 사용할수록 고갈된다. 사회심리학자인 로이 F. 바우마이스터는 이를 잘 보여주는 실험을 진행했다. 사람들을 모집한 뒤 한 그룹에게는 고통스럽게 죽어가는 동물들의 모습을 보여주면서 감정을 억제하도록 요구했다. 다른 그룹에는 감정을 억제하지 말고 느끼는 그대로 표현하도록 했다. 이후에 의지력을 필요로 하는 문제를 풀도록 하자 감정을 억제한 그룹의 성적이 그렇지 않은 그룹보다 훨씬 낮았다.

전두엽은 무언가를 기분에 따라 즉흥적으로 실행하지 않도록 충동 억제를 담당하기도 하는데, 이는 에너지를 필요로 한다. 무언가 의지를 발휘해 억지로 참고 나면 에너지가 급격히 고갈되면서 더는 버틸 수 없는 상황에 맞닥뜨리게 된다. 오랫동안 화를 꾹꾹 참던 사람이 갑자기 무섭게 화를 내는 것도 같은 이유에서다. 너무 오래 인내하며 결과를 만들어내야 하는 일은 때로 의지의 고갈을 가져올 수도 있다.

안톤 체호프의 희곡 《잉여인간 이바노프》에 등장하는 주인공은 한때 촉망받는 인재였지만 번아웃에 빠져 자신을 비하하고 극한으로 몰아붙인 끝에 스스로 죽음을 선택한다. 이런 비극을 막기 위해서라도 큰 성공을 노리기보다는 작은 성공을 반복하여 이루는 것이 더욱 바람직하다.

한때 많은 기업에서 '퀵 윈(quick win)'이라는 개념이 성행한 적이 있다. 큰 프로젝트도 수없이 많은 작은 일들이 모여서 이루어진다. 큰 프로젝트를 작은 단위로 잘게 쪼개서 각각의 목표를 세우고 그것을 달성해나가다 보면 어느새 큰 프로젝트도 완료할 수 있다. 작은 성공을 빨리 반복함으로써 큰 성공을 추구한다는 개념이 바로 퀵 윈이다.

'하인리히의 법칙'도 마찬가지다. 이 법칙은 미국의 보험사정 관리인인 하인리히가 자신이 맡은 보험사건들을 분석하다가 발견했다. 하나의 큰 사건 뒤에는 29건의 작은 사건들이 있고, 다시 그 뒤에는 300개의 크고 작은 징후들이 있다는 내용이다. 그래서 1:29:300의 법칙이라고도 불린다. 하인리히의 법칙을 뒤집어 실패를 성공으로 바꾸어보면 의미 있는 교훈을 얻을 수 있다. 즉 하나의 큰 성공을 이루기 위해서는 29번의 작은 성공이 쌓여야 하고, 300번의 크고 작은 성과들이 모여야 한다.

한 방에 성공하기도 쉽지 않지만, 무엇보다도 쉽게 이룬 성공은 쉽게 무너지기 마련이다. 커다란 돌탑은 작은 돌들이 모여 빈틈없이 단단한 기반을 만들고, 그 위에 더욱 큰 돌들이 쌓이고, 다시 그 돌들이 더 큰 돌들을 들어 올리면서 만들어진다. 우리 삶도 마찬가지다. 작은 성공들이 기반을 만들어주고, 그 위에 점차 큰 성공들이 쌓이면서 마침내 커다란 성공이 만들어지게 되는 것이다.

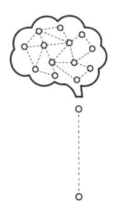

변화를 거부하지만 도전을 즐기는 뇌의 이중성

안정을 추구하는 사람과 도전을 즐기는 사람 중에서 누가 더 빨리 성공할 수 있을까? 성공에 영향을 미치는 요인은 매우 많으므로 이 질문에 단정적으로 답하기는 쉽지 않다. 하지만 분명한 사실은 세상은 안정을 추구하는 사람들보다는 새로운 것에 도전하는 사람들에 의해 발전해왔다는 점이다. 만약 사회구성원들이 모두 안정적인 삶만 추구한다면 시간이 흘러도 세상은 크게 달라지지 않을 것이다.

유선전화에 익숙해진 사람들이 유선전화를 쓰는 것만으로도 충분히 편리하다고 느끼고 생활패턴을 바꾸려 하지 않는다면, 무선전화와 같은 혁신적인 발명품은 등장하지 않았을 것이다. 기존의 안정적인 생활을 벗어나 보다 편리하고 진화된 생활을 추구하는 사람들의 도전정신이 오늘날 인류의 눈부신 발전을 이루어낸 원동력이라고 할 수 있다.

성공한 사람들은 대체로 안정적인 성향을 가지고 있기보다는 도전적인 성향을 가지고 있다. 늘 변화를 주의 깊게 관찰하고 배우며, 그 안에서 새로운 기회를 발견하고 실행하려고 한다. 도전을 통해 기회를 거머쥐고 성과를 창출하는 삶이 반복된다. 성공의 자리에 올랐다고 해서 안정을 추구하는 것이 아니라 성공한 이후에도 계속 도전을 이어나간다. 사실 이는 그리 쉬운 것이 아니다. 의식적인 노력이 필요하기 때문이다.

뇌는 변화를 피하려는 습성을 가지고 있어서 안정성과 일관성을 추구한다. 새로운 일에 도전하기보다는 주어진 상황에 순응할 때 행복을 느끼도록 진화해왔다. 뇌는 막대한 에너지 소모기관이지만 외부에서의 에너지 공급은 제한적일 수밖에 없으므로 되도록 에너지 소모를 줄이려고 하기 때문이다. 그래서 무엇이든 익숙해지는 것을 선호한다. 특정한 일을 반복적으로 수행해 익숙해지면 뇌는 자동조정방식을 이용해 크게 힘들이지 않고 주어진 과제를 손쉽게 처리한다. 자동으로 일하면 일일이 신경을 쓰지 않아도 되므로 에너지 소모는 줄어드는 반면 효율은 올라간다.

오랫동안 수련을 한 스님들이 명상할 때의 뇌 활동 상태를 영상촬영장비를 이용해 관찰해 보면 뇌가 거의 움직이지 않는다. 그럼에도 불구하고 스님들의 뇌에서는 고도의 인지활동을 할 때 방출되는 감마파가 활발하게 방출된다. 이는 명상에 익숙해진 스님들의 경우 뇌를 별로 활용하지 않으면서도 높은 효율을 얻는다는 것을 보여준다.

UCLA 연구팀도 비슷한 내용을 발표한 바 있다. 이들은 높은 지능을 가진 사람들과 보통 수준의 지능을 가진 사람들이 일할 때 두뇌가 어떻게 움직이는지 관찰해보았다. 그 결과 지능지수가 높은 사람들이 일을 할 때의 두뇌 움직임이 보통 수준의 지능을 가진 사람들이 일을 할 때보다 훨씬 적었다.

되도록 에너지 소모를 줄이면서도 신속하고 효율적으로 일하고 싶은 뇌의 입장에서는 익숙한 일을 선호하고 변화를 거부할 수밖에 없다. 무언가 현재와 달라지는 것이 있을 때 뇌는 그에 적응하는 노력과 시간이 필요하다. 변화를 받아들일 수 있는 신경회로가 형성되어 있지 않기 때문에 새로운 신경회로를 만들어야 하기 때문이다. 수풀로 덮여 있는 산길에 새로운 등산로를 내려면 풀을 뽑고 돌을 캐야 하는 수고가 따르는 것처럼 새로운 신경회로를 만드는 일에도 어려움이 따른다. 새로 신경가지를 뻗어야 하고, 시냅스를 형성해야 하며, 그렇게 만들어진 신경회로가 소멸되지 않고 남아 있도록 계속 지나다니며 관리해야 한다.

새로 만들어진 신경회로가 안정적으로 유지될 수 있는 시간도 필요하므로 변화를 받아들였다고 해서 뇌가 곧바로 적응하는 것도 아니다.

그럼에도 불구하고 뇌는 가소성이라는 특징을 갖고 있다. 가소성이란 쉽사리 바뀌지 않지만, 한 번 변화하면 그 특성을 그대로 유지하는 것을 말한다. 찰흙을 이용해 조각상을 만들 때 모양을 완성하고 나면 시간이 지나도 변하지 않는 것처럼 뇌에 자극을 주어 그것이 신경회로를 만들어내면 변하지 않고 그대로 남아 있는 것이 가소성이다.

뇌는 평생 새로운 신경 연결을 만들어내고, 그것을 통해 스스로를 재조직하고 재구성하는 능력을 갖췄다. 새로운 경험을 하거나 새로운 것을 배우거나 새로운 사람을 만나거나 새로운 습관을 갖추는 것은 뇌가 계속 변화하는 중임을 나타낸다. 이러한 뇌의 가소성 때문에 사람들은 능동적으로 인지 능력을 개발할 수 있고, 창의적인 사고를 할 수 있으며, 숨겨진 잠재력을 찾아내어 자신의 한계를 뛰어넘을 수 있다.

게다가 뇌가 최고의 기량을 발휘하는 순간은 안정적이고 익숙한 것을 할 때가 아니라 자신이 가진 능력보다 약간 더 어렵다고 여기는 과제를 마주했을 때다. 그럴 때 뇌는 각성효과를 불러일으키는 신경전달물질인 노르에피네프린을 분비하며 최고의 능력을 발휘할 수 있게 만들어준다.

　뇌는 마치 야누스와 같아서 변화를 거부하는 특징도 가지고 있지만, 한편으로는 활용 여부에 따라 변화를 수용하고 유지하려는 상반된 특징도 가지고 있다. 그래서 뇌를 어떻게 적응시키느냐에 따라 자신에게 유리하게도 활용할 수도 있고 불리하게 활용할 수도 있다. 변화를 싫어하는 뇌에 순응하면 안정을 추구하며 똑같은 방식으로 살아가게 되고, 힘들긴 하지만 도전을 통해 변화를 수용하도록 설득하면 새로운 삶을 살아갈 수 있게 된다. 뇌의 가소성과 최고의 성과를 창출하려는 특성으로 인해 우리는 새로운 언어나 운동, 기술을 배울 수 있게 된다.

　뇌는 회백질과 백질의 두 부위로 나눌 수 있는데, 회백질은 뉴런이라고 불리는 신경세포의 몸체인 신경세포체를 말한다. 이는 학습이나 기억, 감정 조절과 관련되어 있는데, 회백질의 밀도가 높아지면 신경 활동이 활발해져서 집중력과 주의력이 높아지고 스트레스가 줄어든다. 또한 인지적 유연성이 높아지고 정서적으로도 안정된 상태를 유지할 수 있다. 새로운 정보를 받아들이는 능력도 높아진다. 자신과 다른 신념이나 가치관에 대해서도 관대한 시각으로 바라보고, 시야가 넓어지므로 기존에 보지 못했던 다양한 관점에서 사물이나 이슈를 바라보는 힘이 생긴다. 그러면 선입견이나 편견, 고정관념이나 패턴화된 사고 등에서 벗어날 수 있게 된다. 회백질의 밀도를 높이는 데는 명상이 도움이 된다.

　인지적 유연성은 불확실성과 모호성이 높아지는 시대에 다양한 관점으로 사고할 수 있도록 도와준다. 복잡하고 모호한 문제에 대해 창의적이고 혁신적인 사고를 떠올릴 수 있게 해주고, 환경이나 기술 변화에 대해 탄력적으로 대응할 수 있게 해준다. 앞으로 세상은 더욱더 복잡해지면서 불확실성과 모호성이 더욱 커질 것이다. 이럴 때일수록 안정을 추구하는 것은 빠르게 움직이는 러닝 머신 위에서 뛰지 않고 가만히 서 있는 것이나 다름없다. 시간이 지날수록 뒤처지지 않기 위해서는 도전을 통해 변화를 만들어내어 뇌의 가소성을 활용해야만 한다. 그러니 도전을 두려워하기보다는 자신 있게 맞서 싸우는 용기와 결단이 필요하다.

제2장

자기긍정이 뇌를 바꾼다

KNOWING YOUR BRAIN CHANGES YOUR LIFE

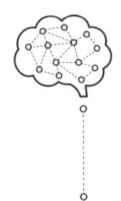

성공하는 사람들은 먼저
자신부터 소중한 존재로 여긴다

도널드 트럼프는 뛰어난 사업수완을 발휘해 억만장자의 대열에 올라선 것은 물론 미국의 수장 자리에 두 번이나 올랐다. 그는 참으로 독특한 캐릭터를 가지고 있어 늘 화제를 몰고 다니는데, 그중 하나가 자기 자신을 대단히 귀하고 가치 있는 존재로 여긴다는 것이다. 그는 자신이 진행한 프로그램을 포함해 텔레비전 쇼에 노출될 때마다 항상 자신을 세상에서 제일 귀한 사람처럼 행동했다. 겸손하지 않고 노골적으로 자신을 자랑하는 그의 태도에 거북함을 느끼는 사람도 많지만, 그는 남들의 평가에 전혀 개의치 않고 자신의 스타일을 고수한다.

성공한 사람들이 갖는 특징 중 하나는 자기 자신을 소중하고 가치 있는 존재로 여긴다는 것이다. 겸손을 미덕으로 내세우는 우리나라 정서에는 안 맞을 수도 있지만, 달리 생각해보면 당연하고 타당하다고 볼 수 있다. 자신을 가치 없는 존재라 여기고 귀하게 여기지 않는 사람이 어떻게 큰 성공을 거둘 수 있을까?

사람들은 자신을 바라보는 다른 사람들의 시선과 인식, 평가를 무척 중요하게 여긴다. 다른 사람들에게 되도록 좋은 사람, 훌륭한 사람, 능력 있는 사람으로 보이길 원하며, 또 자기가 만나는 사람들도 그렇다고 믿는다. 누구도 자신과 주변 사람들이 가치 없는 존재로 받아들여지길 원하지 않는다. 하지만 정작 자신에 대한 평가나 인식은 그리 높지 못한 경우가 많다. 타인이 나를 대하는 태도보다도 내가 나를 평가하는 것이 훨씬 인색한 편이다.

그러나 삶을 성공적으로 살아가기 위한 가장 기본적인 토대는 자기 자신을 긍정적으로 대하는 태도다. 자기 자신을 누구보다 귀하고 소중하며 세상에서 가장 가치 있는 존재라고 여겨야 한다. 자신을 소중한 존재로 바라보는 태도는 자존감과 자신감, 지위감의 바탕이 된다. 긍정적인 사고와 적극적인 태도를 이끌어내고, 좋은 사람들을 끌어당기는 원동력이 되어 성공에 가까워지게 한다.

자존감은 자신의 가치를 높게 평가하는 것이고, 지위감은 내외부적 요인에 의해 심리적으로 만족스럽고 충만한 상태를 말한다.

누군가가 "자넨 정말 없어서는 안 될 존재야"라고 칭찬하면 지위감이 올라간다. 긍정심리학에서는 지위감이 인간을 지속적으로 행복하게 만들어주는 유일한 요소라고 설명한다. 런던 대학교 마이클 마멋 교수는 지위감이 돈이나 교육보다 인간의 수명을 결정짓는 데 더 중요한 요소라고 주장하며, 지위감의 상승은 가장 강력한 보상으로 돈보다 더 큰 동기를 유발한다고 말했다. 자존감과 지위감 모두 높을수록 만족스러운 삶을 살 수 있다.

자신을 귀하고 소중한 존재라고 여기는 사람들은 뇌에서 분비되는 신경전달물질이나 호르몬이 다르다. 뇌는 가상과 현실을 구분하지 못해 믿는 대로 정보를 처리한다. 자신을 귀한 사람이라 여기면 뇌도 여기에 동조해 좋은 신경전달물질을 왕성하게 분비하고, 이로 인해 활력이 생기며 동기가 높아진다. 만족과 안정감을 느끼게 하는 옥시토신의 분비가 늘어나는데, 이는 스트레스 호르몬인 코르티솔에 대한 저항력을 높여주어 쉽사리 스트레스를 받지 않도록 돕는다. 테스토스테론의 분비가 늘어나 자신감은 물론 추진력과 실행력이 높아진다. 도파민과 세로토닌 분비도 늘어나 긍정적인 사고를 하게 되고, 삶을 더욱 활력적으로 살 수 있게 된다.

그러다 보니 늘 에너지가 충만하며, 긍정적인 정서가 넘쳐난다. 또한 자신에 대한 확신도 뛰어나 자신이 가진 역량과 능력, 자신이 만들어낼 성과와 미래 등에 대해 긍정적으로 생각하는 경향이 강해진다. 자신의 미래를 희망적으로 보며, 그 누구보다도 성공할 것이라 자신하게 되는 것이다. 《죽음의 수용소에서》라는 책으로 유명한 빅터 프랭클은 아우슈비츠 수용소에 갇혀 있는 동안 수많은 유대인이 처형되는 끔찍한 광경을 목격하면서도 살아서 수용소를 나가겠다는 희망을 잃지 않았다. 그 희망이 결국 그를 죽음 앞에서 살아 돌아오도록 만든 셈이다.

자기 자신을 소중하고 가치 있으며 귀한 존재라 여기는 사람들의 특징은 사고와 행동의 기준이 높다는 것이다. 자신의 격을 높이기 위해 말과 행동을 가려서 하며, 사람들을 사귈 때도 그 잣대를 적용한다. 자신의 가치와 고귀함을 깎아내리는 사람은 멀리하고, 자신의 가치를 높여주고 스스로를 귀한 존재라고 여기도록 만들어주는 사람과 가까이하려고 한다. 사람이 성공하기 위해서는 혼자만의 힘으로는 어렵다. 자신을 이끌어주고 도와줄 수 있는 사람들이 주변에 있어야 하는데, 자기인식이 긍정적인 사람들은 그에 걸맞은 사람들과 네트워크를 만든다.

근묵자흑이라는 말이 있듯이, 자기 자신을 가치 있다고 여기지 못하는 사람들은 비슷한 수준의 사람들만 만날 뿐이다. 값비싼 보물 상사에 값싼 물건을 남고 싶은 사람은 없을 것이다. 자신을 소중하고 귀하다고 여길수록 자신 안에 담을 수 있는 사람들도 귀하고 소중한 사람들이 될 수 있고, 그들을 통해 성공에 더욱 가까이 갈 수 있게 된다.

사람들은 자신에 대해 잘 알고 있는 것 같지만 의외로 타인이 바라보는 것만큼도 자신을 이해하지 못하는 경우가 많다. 그런 의미에서 명확한 자기인식은 매우 중요하다. 자기인식 수준이 낮으면 자존감이나 자신감이 낮아질 수 있다. 주위 사람들이 자신을 보는 것과 스스로 자기를 평가하는 것 사이에 간극이 존재하게 되는데, 타인에게는 긍정적으로 보이는 요소도 자신은 부정적으로 평가하는 경우가 있다. 그러므로 자신을 되돌아보며 자신 있는 요소들을 찾아내는 것이 중요하다. 그런 과정을 거치면서 자기 자신을 지나치게 평가절하한 것은 없는지 살펴봐야 한다.

자기인식을 명확하게 하는 것만으로도 자신을 바라보는 시선은 긍정적으로 달라질 수 있다. 자신을 가치 있는 사람이라고 여기는 태도가 몸에 배면 뇌 안에 있는 거울뉴런으로 인해 주변 사람들도 나를 같은 시선으로 바라보거나 같은 태도로 대하게 된다. 반대로, 자신을 스스로 가치 없다고 여기면 남들도 그 사람을 무가치한 사람으로 대하게 된다.

한 가지 재미난 사실은 자신을 귀한 사람이라고 여길수록 자기 자신을 삼인칭으로 이름을 부르는 경우가 많다는 점이다. 예를 들어 "나는 그 누구보다 소중하다"라고 말하는 것이 아니라

"은우는 그 누구보다 소중하다"라고 말하는 것이다. 놀랍게도 자기 자신을 제3자의 관점에서 부르는 것은 자신감을 높이는 데 큰 도움이 된다고 한다.

미국의 정신과 의사인 킴 슈나이더만에 따르면, 사회에서 성공한 사람 중 많은 사람이 자신을 이름으로 부르는 화법을 가지고 있다고 한다. 도널드 트럼프를 포함해 전 미국 대통령 리처드 닉슨, 미국의 농구선수 르브론 제임스 등이 그러하다. 연구자들에 따르면 자신을 삼인칭으로 부르는 화법이 부정적인 감정을 조절해 자신감 향상을 끌어낼 수 있다고 한다.

스스로에게 자신의 이름을 불러주며 자신감을 불어넣어보자. 자신을 바라보는 시선이 달라질지도 모른다.

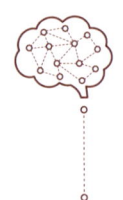

자신감은 뇌에
긍정적인 피드백을 제공한다

　자신감이 큰 사람들은 인생을 성공적으로 살 가능성이 높다. 역량이 다소 부족하더라도 자신감이 크면 하고 싶은 일을 밀어붙이는 힘이 강하지만, 역량이 많아도 자신감이 없으면 주저하고 미룰 수밖에 없다. 만일 둘 중 하나만 가질 수 있다면 역량보다는 자신감이 더 큰 자산이 될 수 있다. 자신감은 자신의 역량에 대한 믿음이다. 이는 자신은 높은 역량을 가지고 있으며, 무슨 일이든 성공시킬 수 있다는 자기 확신이다.

　심리학자 엘렌 레니는 자신감에 대해 '성과에 대한 자신의 기대이며 자신이 보유한 역량과 과거 성과에 대한 자기평가'라고 정의했다. 과거의 모든 일들을 잘했고, 자신이 가진 역량이 충분하기에 앞으로 할 일도 성과를 낼 수 있을 것이라 믿는 게 자신감이다. 심리학 사전에는 자신감이 '일상생활에서 맞닥뜨리는 크고 작은 도전이나 해결해야 할 요구사항에 대한 자신의 능력, 역량, 판단이나 믿음에 대한 신뢰'라고 정의되어 있다. 이러한 내용들을 종합해보면 자신감이 강한 사람일수록 자신이 해야 할 일을 잘 해낼 가능성이 크기 때문에 좋은 성과를 낼 가능성도 높다.

자신감이 강한 사람들은 자신에 대한 신뢰가 뛰어나기 때문에 추진력이 강하다. 일을 하다 보면 예상했던 것보다 결과가 좋지 않을 때도 있지만, 이러할 때도 자신감이 넘치는 사람들은 조급하거나 불안해하지 않고 자신이 할 일에 대해 확신을 가지고 밀어붙인다. 주변 사람들을 지나치게 신경 쓰거나 눈치를 보지 않는다.

반면 자신감이 부족하면 자신이 가진 역량이나 만들어낼 수 있는 일의 결과, 자신의 가치, 타인과의 관계 등에 대한 믿음이 흔들릴 수밖에 없다. 의기소침하거나 주위 사람들의 눈치를 보고, 자기 자신을 불신한다. 일의 결과를 의심하고 안절부절못하며 불안해한다. 자신이 가진 역량을 모두 발휘하지도 못하고 실패에 이르기도 한다. 좋은 결과를 얻는 경우에도 그 결과를 자신의 노력으로 받아들이기보다는 우연이나 행운으로 여긴다.

이렇게 자신감이 부족할 때는 '가면 증후군'과 같이 자신에 대한 과소평가로 이어질 수도 있다. 가면 증후군은 자신이 노력해 만들어낸 성과임에도 불구하고 운이 좋아 이룬 것이라며 지금껏 자신이 주위 사람들을 속여왔다고 생각하며 불안해하는 심리를 말한다. 가면 증후군에 빠지면 쉽사리 성공의 수레바퀴에 올라타지 못하며, 기회를 자주 놓쳐 전전긍긍하면 조바심 속에서 살 수밖에 없다.

낮은 자신감은 자신을 하찮은 존재로 여길 수 있게 만들기 때문에 자기비하로 이어질 수 있다. 자신을 소중한 사람이라 생각하지 못하고 자신의 가치를 낮게 평가하고 자존감에 상처를 낸다. 그 불안한 조바심 때문에 깊이 있고 분석적인 사고 대신 감정에 의해 잘못된 판단을 내릴 가능성이 높아진다. 합리적 의사결정의 힘이 약해지다 보니 잘못된 결과를 가져올 수 있는 것이다.

그런 것들이 누적되다 보면 자신의 결정에 확신을 가지지 못하게 되고, 후회하는 일들이 잦아진다. 자신이 확신하지 못하는 의사결정은 좋은 결과를 가져오지 못한다. 자신감 있게 의사결정을 하는 것이 반드시 좋은 결과를 가져온다고 할 수는 없지만, 확신을 가져야 의사결정의 질이 높아질 수 있음은 분명하다.

자신감과 자존감은 일맥상통하는데 자신감이 높을수록 자신을 소중하고 귀한 사람이라고 여긴다. 반면 자신감이 낮은 사람일수록 자신을 가치 없는 사람으로 여기는 경향이 있다. 물론 역의 관계도 성립한다. 마인드의 차이는 두뇌 활동에도 영향을 미치는데, 자신감이 높은 사람은 그렇지 않은 사람보다 뇌를 훨씬 잘 활용하며 그 결과가 뛰어나다.

캐나다 맥길 대학교의 소니아 루피앵 박사의 연구 결과는 이를 뒷받침해준다. 연구팀은 노인들을 대상으로 15년이라는 오랜 시간에 걸쳐 뇌 영상 촬영과 테스트를 병행했다. 그 결과 자신감이 높은 사람들일수록 기억력이나 학습 능력에서 높은 점수를 받았다고 한다. 반면 자신감이 낮은 사람들은 기억력이나 학습 능력이 떨어졌는데, 자신감이 높은 사람들보다 뇌의 크기가 20%나 작았다고 한다. 이 연구를 통해 자신감 부족이 두뇌에서의 신경 활동을 저하시킨다는 사실을 알 수 있다. 낮은 자신감이 두뇌 활동을 저하시키면서 뇌가 축소되고, 그 결과로 두뇌를 제대로 활용할 수 없게 만듦으로써 나쁜 결과를 만들어내는 악순환으로 이어지는 것이다.

자신감이 높은 사람들은 자신의 뇌를 잘 활용하는데, 긍정적인 자기평가가 새로운 신경회로의 형성을 촉진하고, 이로운 신경전달물질의 분비를 원활하게 함으로써 뇌 기능을 극대화시키기 때문이다. 더 나아가 뇌가 자신의 기억은 물론 주변과 적극적으로 연결되고, 새로운 생각을 만들어내며 자신을 중심으로 설난덕이 만들어진다. 이로 인해 의사결정의 속도와 질이 높아지고, 자신

있게 의사결정을 내리게 되는 것이다.

사람의 뇌에는 거울뉴런이 있다. 거울을 보면 내가 하는 행동을 볼 수 있는 것처럼, 특정한 움직임을 수행하거나 다른 사람들의 움직임을 관찰할 때 거울뉴런이 반응한다. 아이를 안고 있는 어른이 혓바닥을 내밀면 아이들도 그 모습을 보고 혓바닥을 내미는데, 그렇게 누군가를 보고 모방하도록 만드는 것이 거울뉴런이다. 이 거울뉴런으로 인해 다른 사람의 행동을 흉내 내는 것은 물론 다른 사람의 감정에 공감하거나 감정이입도 할 수 있다. 이처럼 한 사람의 행동은 다른 사람에게도 영향을 미칠 수 있으니 인간관계에서도 자신감은 긍정적인 결과를 만들어낸다.

강한 자신감을 가진 사람을 보고 있으면 상대방의 뇌에서는 거울뉴런이 반응하면서 자신도 강한 자신감을 느끼게 된다. 반대로 자신감 없이 주저하면서 말하게 되면 상대방의 거울뉴런은 자신감 없는 모습을 보면서 확신을 가질 수 없게 된다. 이렇듯 자신감 있는 모습을 보여주는 것은 누군가에게 확신을 주고, 자연스럽게 자신에 대한 신뢰도도 높여주는 효과가 있다.

자신감은 성공에 이르기 위해 필수적으로 갖추어야 할 요소 중 하나다. 그렇다면 자신감을 높이려면 어떻게 해야 할까?

우선, 작은 목표를 세우는 것이 바람직하다. 달성할 수 있는 작은 목표를 세우고 그것을 통해 성취감을 얻는 것이 중요하다. 단기간에 끝낼 수 있고, 크게 힘들이지 않아도 달성할 수 있는 목표를 세운 다음 좋은 결과를 만들어내다 보면 자신감이 축적될 수 있다. 실현 가능성이 낮은 큰 목표를 세우고 '잘못된 희망 증후군'으로 시달리는 것보다 이 편이 훨씬 바람직하다. 작은 성취 경험들이 쌓이면 그것을 도화선 삼아 다른 성취들을 이끌어낼 수 있다.

둘째, 배짱이 필요하다. 자신감이 있는 사람들과 없는 사람들은 알고 보면 백지 한 장 차이다. 자신감이 뛰어난 사람들이 모두 그만큼 뛰어난 역량을 가지고 있는 것은 아니다. 그러나 일단 자신감을 갖고 있으면, 그 자신감이 기폭제가 되어 더 높은 역량을 갖출 수 있게 된다. 조금 부족하더라도 자신감을 갖고 앞으로 나서다 보면 더 많은 기회를 갖게 되고, 그 경험에서 더 많은 것을 배우게 되어 자신도 모르는 사이에 역량이 높아질 것이다.

단, 자신감만 있다고 해서 성공의 길로 가는 것은 아니다. 무엇이든 1만 시간 정도 투자하면 전문가의 경지에 오른다는 '1만 시간의 법칙'이라는 이론이 있지만, 시간을 투자하는 것만으로는 부족하다. 5만 시간, 10만 시간을 투자해도 전문가가 되지 못하는 사람이 부지기수다. 깊이 있고 철저한 학습, 그리고 그것을 자신의 것으로 내재화시키려는 피나는 실천이 따라야만 가능하다. 그 모든 것의 출발은 자신감이라는 점을 기억하자.

긍정적 사고가
뇌에서 주도권을 잡도록 하는 방법

말단 포병장교에서 프랑스 황제의 자리까지 올랐으며, 한때 유럽 제국을 건설하기도 했던 나폴레옹은 "내 사전에 불가능이란 없다"라는 말을 남긴 것으로 유명하다. 자신이 하는 일에 가능하지 않은 일은 단 하나도 없다고 여긴 것이니 참으로 긍정적이며 낙천적이라고 할 만하다. 세계적인 발명가 에디슨은 새로운 발명품 개발이 실패로 돌아갈 때마다 낙담하고 좌절하기보다는 성공에 한 발 더 가까워졌다고 여겼다고 한다. 전성기 시절 무하마드 알리의 "내가 최고다(I am the greatest!)", 현대그룹 정주영 회장의 "해보기나 했어?"라는 말도 긍정적인 태도를 잘 보여준다.

인간의 사고는 행동을 지배한다. 두뇌는 기본적으로 긍정적인 사고보다는 부정적인 사고에 더 익숙하다. 인간의 뇌는 생존과 번식이라는 본능에 위협이 되는 모든 요소에 대해 신속하게 판단하고 대응할 수 있도록 만들어졌다. 맹수와 같이 위협이 되는 종족이 나타나면, 재빠르게 도망치거나 힘을 합쳐 싸워서 목숨을 부지하는 쪽에 우선순위를 둔다. 스트레스를 받거나 부정적인 생각을 할 때, 뇌는 즉각적인 위협이 있다고 믿도록 자신을 속인다. 그렇게 함으로써 그 위협에 맞서 싸우거나 그것에서 벗어나 도망칠 준비를 한다. 그러다 보니 뇌는 선천적으로 긍정적인 상황보다는 부정적인 상황에 더 빠르고 예민하게 반응하도록 진화해왔다. 칭찬보다 비난에 더욱 예민하게 반응하는 것도 이러한 이유에서다.

앞서 팀 어번의 원숭이 이야기에서 언급했듯, 심리학자들은 사람들의 머릿속에 원숭이가 한 마리 살고 있어 끊임없이 말을 걸고 성가시게 군다고 표현한다. 무언가 하려고 하면 머릿속에서 '포기해. 이런 일을 할 수 있겠어?', '너무 어렵지 않아? 힘들면 언제든지 그만둬도 돼' 같이 부정적인 말을 걸어온다는 것이다. 가끔은 '네가 잘하는 게 하나라도 있니?', '그럼 그렇지. 너 같은 사람이 이렇게 어려운 일을 어떻게 해'라며 자기 비하적인 생각을 심기도 한다고 한다. 사사건건 딴지를 걸어 주의력을 흐트러뜨리고, 자신감을 뺏어가면서 부정적으로 사고하게 만들기 때문에 새로운 일을 시도하는 것 자체를 어렵게 만든다.

이 원숭이는 쉽사리 포기하지 않고 집요하게 머릿속에서 말을 건다. 이 원숭이는 감정의 뇌인 변연계에 살고 있는데, 이성의 뇌인 전두엽과 대립각을 이루며 주도권을 차지하려고 애쓴다. 원숭이의 목소리가 커지면 커질수록 전두엽은 주도권을 빼앗길 가능성이 커지므로 부정적인 사고에 사로잡히게 된다.

안타깝게도 부정적으로 사고하는 방식으로는 좋은 성과를 내기가 어렵다. 부정적 사고를 가진 사람들은 장애물을 만나거나 난관에 부딪쳤을 때 그것을 극복하려고 하기보다 자포자기하거나 냉소적이면서도 비관적인 태도를 취할 가능성이 높다. '그럼 그렇지'라거나 '내 주제에 무슨…'이라고 하며 스스로를 비하하고, 확증편향적인 태도를 취하기도 한다. 스스로를 무얼 해도 안 되는 사람으로 규정하면서 난관을 극복하거나 벗어나기보다는 그 안에서 오래 머물며 실패의 핑곗거리를 주변에서 찾으려고 한다. 넘어진 자리에서 좀처럼 일어나려 하지 않다 보니 실패와 좌절, 후회가 반복되며 힘겨운 삶을 이어 나가게 된다. 그러므로 삶을 성공적으로 살기 위해서는 무엇보다 긍정적인 생각을 갖는 것이 중요하다.

뇌는 가소성을 가지고 있기 때문에 반복적인 노력을 통해 긍정적인 사고를 훈련하면, 관련된 신경회로가 형성되고 강화되어 긍정적인 생각이 단단해진다. 캐나다 요크 대학교의 레이먼드 마르 심리학 교수는 "인간의 상상력은 가상의 상황이 현실인 것처럼 신체가 반응하게 할 수 있다"고 말했다. 지속적으로 좋은 생각을 심어주고 긍정적인 모습을 상상하게 되면 뇌 역시 좋은 방향으로 변화한다는 것이다. 처음에는 의식적인 노력이 필요하겠지만 나중에는 무의식적으로 긍정적인 생각을 떠올리게 된다.

생각하는 방식은 몸에도 영향을 미친다. 어떻게 생각하느냐에 따라 몸에서 일으키는 화학반응과 분비되는 호르몬이 달라지기 때문이다. 긍정적이고 낙천적인 사고는 뇌에서 기쁨이나 즐거움을 유발하는 화학물질인 도파민을 분비하도록 만든다. 그로 인해 몸도 생각과 똑같이 느끼도록 만들어준다. 긍정적인 사고를 하면 몸도 쾌활하고 건강해지는 것이다. 뇌는 몸이 느끼는 것을 주의 깊게 관찰해 거기에 맞게 화학반응을 일으킨다. 그렇게 몸이 느끼는 대로 생각하게 되는데, 생각이 느낌을 만들고 느낌이 생각을 만드는 순환고리가 만들어지게 된다. 반면 부정적인 생각을 하거나 우울함에 빠질 때는 펩타이드가 분비되며 몸이 찌뿌둥하고 무거운 느낌이 든다. 이처럼 긍정적인 사고가 신체 건강은 물론 습관이나 삶의 질에도 영향을 미친다.

부정적 사고 습관을 고치고 낙천적인 사고 습관을 갖추기 위해서는 3단계의 인지행동 훈련이 필요하다.

첫 번째 단계는 머릿속에 떠오른 부정적인 생각을 있는 그대로 기록하는 것이다. 두 번째 단계는 부정적 사고를 반박하는 것이다. 세 번째 단계는 부정적 사고를 긍정적 사고로 바꾸는 것이다.

예를 들어, 자신이 부모나 주위 사람들의 도움을 받지 못해서 인덕이 없는 사람이라는 생각이 들었다고 해보자. 아래와 같이 단계적으로 부정적인 사고를 바꾸는 훈련을 반복하면, 부정적으로 사고하는 습관을 개선할 수 있다.

- **[1단계] 머릿속에 떠오른 부정적 생각**
  '난 인덕이 없는 사람이야'
- **[2단계] 부정적 사고에 대한 반박**
  '그래도 내가 지금까지 잘 살아올 수 있었던 것은 주변에서 날 도와준 사람들이 있기 때문이야. 아무도 날 도와준 사람들이 없었다면 지금처럼 잘 살 수 없었을 거야.'
- **[3단계] 부정적 사고를 긍정적 사고로 바꾸기**
  '인덕이 없다는 말은 틀렸어. 생각해보니 내 주위에는 좋은 사람들이 많네. 신세 한탄 대신 좋은 인간관계를 위해 더욱 노력해보자.'

세계적인 과학 칼럼니스트 데이비드 디살보는 '믿음'이 있어야 뇌의 허락을 받을 수 있다고 말했다. 그는 많은 신경과학자의 연구를 통해 무언가 할 수 있다고 믿기 전까지는 그 일을 해내기 위한 두뇌의 자원이 할당되지 않는다는 것을 입증했다. 상황이 좋아지지 않을 것이라는 부정적인 믿음은 당면한 상황을 바꾸는 데 도움이 되는 행동으로 에너지가 흘러가지 못하도록 막는다. 그리고 부정적인 생각의 소용돌이에 에너지를 쏟아부어 상황을 더욱 악화시킨다.

반대로 낙천적인 생각과 나아질 거라는 희망을 품으면, 뇌는 그 결과에 다다를 수 있도록 정신적인 에너지를 지원한다. 긍정적인 사고와 낙천적인 믿음을 가져야만 두뇌의 에너지를 충분히 활용해 좋은 성과를 거둘 수 있다는 것이다.

긍정적이고 낙천적인 사고를 갖추기 위해서는 말 습관을 바꾸는 것도 필요하다. 말은 내면의 정서를 외부로 드러내는 수단이다. 내면의 정서가 거친 사람들은 거친 말이 튀어나오고, 내면의 정서가 고운 사람들은 고운 말이 튀어나온다. 당연히 긍정적인 정서를 가진 사람은 긍정적인 말을, 부정적인 정서를 가진 사람은 부정적인 말을 많이 한다. 그러므로 말하거나 생각할 때 '절대로', '결코'와 같이 부정적인 단어를 사용하지 않는 편이 좋다. 말은 거꾸로 사고를 부추기기도 한다. 부정적인 단어는 부정적인 사고를 일으키고 긍정적인 단어는 긍정적인 정서를 심어주기 마련이다.

단, 한 가지 짚어보고 넘어가야 할 것이 있다. 무조건적인 긍정적 사고가 100% 좋은 결과로 이어지는 것은 아니라는 점이다. 긍정적 사고와 확언 습관을 갖고 있음에도 긍정적 변화를 이끌어내지 못하는 사람들의 공통점은 낮은 자존감에 있다. 즉, 긍정적인 자기 확신이 위력을 발휘하려면 건강한 자존감이 있어야 한다는 것이다.

자전거를 탈 때 익숙해지면 생각하지 않고 힘들지 않게 탈 수 있는데, 이러한 능력은 뇌 깊숙한 곳에 자리 잡고 있는 기저핵이 관장하고 있다. 자신에 대한 존중감 역시 기저핵에 간직되는데, 스스로를 고귀하고 가치 있는 사람이라고 말하면서도 마음 깊이 믿지 않으면 뇌의 의식 영역과 무의식 영역이 조화를 이루지 못하게 된다. 인지부조화로 인해 몸도 지치고 스트레스도 심해져 상황이 오히려 악화될 수 있다. 긍정적 사고가 효과를 발휘하려면 자기 자신에 대한 존중감과 함께 자신의 능력에 대해 높이 평가하는 자기효능감, 자신감이 필요하다.

우리 삶은 좋은 일과 나쁜 일이 번갈아 일어난다. 꽃길만 걷는 사람도 없고 바위투성이의 길만 걷는 사람도 없다. 어쩌면 미처 느끼지 못했을 뿐 인생의 반 이상은 즐거운 일이 더 많은지도 모른다. 즐거운 일은 즐겁게 받아들이고, 즐겁지 못한 일은 부정의 필터로 걸러내다 보면 긍정적 사고가 뇌에서 주도권을 잡게 될 것이다.

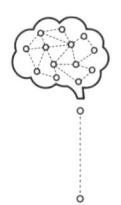

나를 들여다보는
메타인지의 힘

전쟁에서 상대방을 물리치고 승리를 쟁취하기 위해서 꼭 갖추어야 할 것 중 하나가 '전략'이다. 잘 준비된 전략은 전쟁을 승리로 이끌지만, 전략이 없으면 아무리 전력이 강해도 패배할 확률이 크다. 스포츠 경기에서도 마찬가지다. 분석 기술이 그리 발달하지 않았던 과거와 달리 요즘의 스포츠 경기는 전략 수립이 그 무엇보다 중요하다. 전쟁이든 스포츠든 전략 없이 나섰다가는 패하기 십상이다.

  우리의 일상도 마찬가지다. 전략이 있는 삶과 그렇지 못한 삶은 크게 차이가 날 수밖에 없다. 전략은 현실을 기반으로 미래의 목표에 도달하기 위해 자신이 취할 수 있는 여러 가지 수단 중 최적의 것을 선택해 실행하는 것을 말한다. 부자가 되기 위해 선택할 수 있는 길은 여러 가지가 있다. 직장을 다니면서 임원의 자리에 오르거나 자기 사업을 할 수도 있고, 재테크를 통해서 큰 자산을 모을 수도 있다. 이렇게 여러 가지 방법 중 자신이 보유하고 있는 자산이나 능력 등 모든 상황을 고려해 달성 확률이 가장 높은 방법을 선택하는 것이 전략이다. 주먹구구식으로 무조건 맞서 싸우는 것보다는 전략을 바탕으로 실현 가능성과 성공 가능성이 높은 방법을 선택하는 것이 합리적이라고 할 수 있다.

전략을 수립하고 실행하기 위해서는 반드시 알아야 할 것이 있다. 적과 나 자신이다. 《손자병법》에서도 100번 싸워 위태롭지 않으려면 적과 나를 알아야 한다고 했다. 흔히들 적에 대한 분석은 잘하는 편이다. 상대방에 대해서는 심혈을 기울여 정보를 얻고 분석하려고 노력한다. 하지만 정작 자신에 대해서는 잘 모르는 경우가 많다. 그렇게 해서는 성공적인 전략을 세우고 실행할 수 없다.

전략을 짤 때는 언제나 현실에 대한 냉철한 분석이 선행되어야 한다. 현실과 동떨어진 전략은 성공을 가져올 수 없다. 자신이 가진 역량, 자원, 인적 네트워크 등을 이용해 달성할 수 있는 계획을 수립하고 실천해야 한다. 자유형 100m 정도를 힐 수 있는 정도의 수영 실력을 가진 사람이 한 달 안에 한강을 수영으로 횡단

하겠다는 목표를 세우는 것은 애초부터 실패할 가능성이 높다.

실현 불가능한 목표를 세우는 것은 올바른 전략이 아니다. 세계 해전사에서 유례없는 23연승의 신화를 쓴 이순신 장군의 승리 비결 역시 '적을 알고 나를 아는 것'이었다. 선조의 출전 명령에도 불구하고 전장에 나서지 않은 것은 그때 나서면 패배할 것이 뻔했기 때문이다. 이순신 장군은 비록 어명을 어기는 한이 있더라도 질 게 뻔한 싸움에 절대 나서지 않았다.

신경과학자 울프 싱어는 "인생에서 가장 중요한 과업은 되도록 이른 시기에 자신의 강약점을 파악하고 감정을 발전시키는 일이다"라고 말했다. 이렇듯 자기지각(self-awareness)은 최고의 성과를 창출하는 데 필수적인 요소다. 자기 자신에 대해 잘 파악하고 최고의 능력을 발휘할 수 있는 상황을 식별해 자신에게 필요한 일을 수행할 수 있다면, 최고의 성과에 도달할 수 있을 것이다. 또한 중간중간 자신을 돌아보면서 올바른 길로 가고 있는지 점검해야 한다.

하지만 대다수의 사람들은 자기 자신을 잘 모를 뿐만 아니라 자신을 들여다보는 일을 소홀히 한다. 성공한 사람과 그렇지 않은 사람 간에 크게 차이가 나는 부분이 바로 이것이다.

일반적으로 사람들은 이루고 싶은 목표가 있으면 그 대상에 대해서는 철저하게 분석하고 대비한다. 국가고시를 준비할 때는 대부분 시험은 어떻게 진행되는지, 요즘 어떤 유형의 문제들이 주로 나오는지, 어떻게 준비해야 하는지 철저히 분석하며 대비한다. 하지만 자신의 수준을 객관적으로 파악한 뒤 그 정보를 기반으로 공부 전략을 수립하는 것이 우선임에도 정작 자기 자신의 현재 상태에 대해서는 분석하지 않는다. 자신에 대한 객관적인 검증이 되어 있지 않으니 특별한 전략을 세우지 못한 채 되는 대로 시험을 준비하는 경우가 많다.

자기 자신에 대해 거울을 보듯 구석구석 꿰뚫어 보고 적절하게 자신의 행동을 조절하는 힘이 바로 '메타인지'다. 메타인지는 마치 유체이탈을 해 자기 모습을 바라보는 것처럼 자신을 제삼자의 관점에서 객관적으로 바라볼 수 있게 해준다. 인지활동의 상위 인지, 즉 초월적 인지인 셈이다. 이러한 메타인지 능력이 높을수록 자신의 능력과 한계를 정확히 파악할 수 있고, 그만큼 시간과 노력을 적절하게 투자할 수 있어 일의 효율성이 높아진다. 바둑이나 체스를 둘 때 직접 경기를 하는 사람들은 수가 보이지 않지만, 옆에서 구경하는 사람들에게는 선수들이 보지 못하는 국면이 보이는 것과 같다.

메타인지는 우리의 사고나 행동이 상당 부분 무의식의 영역에서 진행되는 것을 의식의 영역으로 끄집어내어 통제할 수 있도록 만들어준다. 메타인지를 통해 의식적인 정신 공간을 드나드는 정보의 흐름을 늘리고 정보를 효과적으로 통제함으로써 무의식적으로 살아가는 것에서 벗어나 발전적인 피드백 고리를 형성할 수 있다.

메타인지 능력을 끌어올리려면 자신이 어떤 사람인지, 자신이 가진 능력은 어떤 것들이 있는지, 자신의 성향이나 기질은 어떤지 등에 대해 객관적으로 바라볼 수 있어야 한다. 사람들은 대개 자신에게 관대한 경향이 있다. 지독한 자기비하와 자신감이 결여된 상태가 아니고서는 대다수가 자신을 후하게 평가한다.

하지만 집단의 크기가 충분히 커지면 그 집단은 정규분포의 원리를 따른다는 중심극한정리(central limit theorem)에 의하면, 100명 중 50명은 평균 이상이 되고 50명은 평균 이하가 될 수밖에 없다. 물론 평균값 주위에 70%의 사람들이 몰려 있고 그 차이가 그리 크지 않을 수는 있지만, 반은 평균 이하임에도 불구하고 거의 모든 사람들은 자신은 평균 이상일 것이라 확신한다. 뇌는 사람들의 평판을 무척 중요하게 여기는데, 자신을 보통 이하라고 인정하면 다른 사람들로부터 업신여김을 당할 수 있고 놀림거리가 되어 사회적으로 어려운 처지에 놓일 수 있다. 때문에 웬만해서는 자신이 평균이하라고는 여기지 않는 것이다.

그래서 주변 사람들보다 자신이 자신을 모를 때가 많다. 자신의 장단점, 역량, 노하우, 특장점, 필살기, 부족한 점, 고치지 않으면 치명적인 독이 될 수 있는 요소, 치명적이지는 않지만 고쳐야 할 요소, 절대 고쳐지지 않는 점, 잘할 수 있는 일과 해서는 안 되는 일 등에 대해 잘 인식하지 못한다. 하지만 자신에 대해 철저하게 분석하고 알아야만 원하는 목표에 도달하기 위한 전략을 수립할 수 있다.

프랑스 작가 알베르 카뮈는 "지식인이란 자기 자신의 정신을 유심히 지켜보는 정신의 소유자이다"라고 말했다. 성공에 이르는 사람들은 자기 자신에 대해 잘 알기 때문에 강점은 강화하고 약점은 보완하며 방법을 찾아간다. 메타인지를 발휘해 자신이 어떻게 변화하고 있는지도 체크해본다.

이제 자신을 제대로 파악하는 것은 제쳐둔 채 해야 할 일들만 보면서 실행해온 것은 아닌지 되돌아보면 어떨까? 나를 제삼자의 시선으로 들여다볼수록 시간과 자원을 낭비할 확률도 줄어들게 된다.

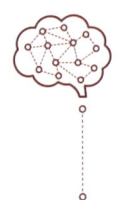

뇌의 가장 중요한 역할 두 가지,
주의력과 집중력

뇌가 존재하는 이유는 '자극'과 '반응' 때문이다. 외부에서 혹은 신체 내부에서 어떤 자극이 주어지면, 뇌는 그 자극을 인식한 다음 생각을 떠올리거나 신체의 일부분을 움직여 대응하는 등 자극에 적절한 반응을 만들어낸다. 몸이 가려우면 긁어야 하고, 배가 아프면 약을 먹어야 한다고 반응하는 식이다. 주어지는 자극에 대해 반응할 필요가 없다면 뇌는 존재할 이유가 없다.

그러나 뇌가 주어진 모든 자극에 다 반응하는 것은 아니다. 어떤 자극은 무시하고 넘어가야 하는 것도 있고, 어떤 자극은 주의 깊게 반응해야 하는 것도 있다. 공부하는 도중 들리는 소음은 무시하는 편이, 치아가 욱신욱신 쑤시는 통증에는 재빠르게 병원을 찾는 쪽으로 반응하는 것이 좋다. 이렇게 우리 주위에 존재하는 수많은 자극 사이에서 집중력과 주의력은 필요로 하는 것만 취하고, 나머지는 버리는 선택적 반응을 만들어낸다.

흔히 집중력이나 주의력을 동일한 개념으로 사용하지만, 둘은 차이점이 있다. 먼저 주의력은 여러 가지 자극이나 정보 중에서 어떤 것에 초점을 맞출 것인가를 결정하는 선택 능력을 말한다. 주의력이 부족하면 중요한 것과 덜 중요한 것을 구분하기 어려워지고, 자극이나 정보를 빠르게 인식하지 못하므로 잘못된 의사결정을 할 가능성이 커진다. 집중력은 여러 가지 자극을 차단하고, 주의를 기울이는 대상에 정신적 자원을 몰입할 수 있는 능력을 말한다. 집중력이 부족하면 하던 일에서 벗어나 자주 딴짓을 하게 되므로 공부나 일의 효율이 감소하고, 문제 해결 역량이 떨어질 수 있다.

이 둘은 일상생활을 성공적으로 영위해 나가는 데 아주 중요한 요소인데, 특히 학습과 일, 대화를 위한 효율과 성과 측면에서 큰 역할을 하기 때문이다. 집중력과 주의력이 높은 사람들은 짧은 시간에 많은 정보를 처리할 수 있고, 깊이 있게 일을 처리할 수 있다. 같은 시간을 들여도 주의력과 집중력이 높은 사람이 만들어내는 설과물의 질이 더 좋을 수밖에 없다. 대화를 나눌 때도 상대방이 하는 말의 내용이나 의도 파악이 뛰어나 커뮤니케이션이 수월하다. 말귀를 알아듣지 못해 동문서답을 하거나 맥락을 파악하지 못해 엉뚱한 이야기를 하는 일이 거의 없다.

반면 집중력이나 주의력이 낮은 사람들은 상대적으로 긴 시간을 투자해도 효율이 낮고 성과가 더디며, 상대의 대화 내용을 잘 파악하지 못해 곤란한 경우가 많다. 결국 집중력과 주의력이 뛰어날수록 일과 인간관계에서 좋은 성과를 낼 가능성이 크다고 볼 수 있다.

그렇다면 뇌는 집중력과 주의력에 어떻게 영향을 미칠까?

첫째, 집중력이나 주의력은 두뇌의 전두엽 부위와 밀접한 관련이 있다. 전두엽은 공부를 하거나 일을 할 때 마음이 산만해지는 것을 막아주고, 대상에 집중해 주의를 기울일 수 있도록 만들어 준다. 내외부에서 전달되는 수많은 감각정보나 감정을 무시하고, 자극과 반응 메커니즘을 둔하게 만들어 집중해야 할 대상에 오래 몰입할 수 있도록 해준다. 무언가에 집중할 때는 전혀 들리지 않았던 주위의 소음이 그 일을 끝마치면 다시 잘 들리기 시작하는 것도 전두엽 덕분이다.

또한 전두엽은 다른 생각에 빠지지 않고, 집중해야 할 대상과 관련 없는 외부 자극을 억제할 수 있도록 두뇌의 다른 부위에도 통제력을 가한다. 감정의 뇌인 변연계와 감각 영역에 신호를 보내 가급적 활동을 억제하고, 뇌의 다른 영역으로부터 들어오는 방해자극을 감소시킴으로써 주의의 폭을 넓게 유지하도록 만들어준다. 문득 떠오르는 잡념을 막아주는 전두엽 덕분에 오로지 관심 가져야 할 대상에만 집중할 수 있는 것이다. 그래서 전두엽이 제 기능을 발휘하지 못하면, 주의력 결핍 과잉행동 장애(ADHD)와 같은 문제가 생길 수 있다.

둘째, 뇌에서 분비되는 도파민이나 노르에피네프린 같은 신경전달물질도 주의력과 집중력에 영향을 미친다. 도파민은 쾌감을 느끼게 해주는 물질로, 긍정적인 감정을 느끼게 하여 만족감을 높여준다. 뇌의 깊숙한 곳에 자리한 쾌감중추에서 분비된 도파민은 전두엽으로 흘러들어가는데, 이곳에는 도파민 수용체가 분포되어 있다. 전두엽에서 도파민 수용체가 적절히 반응할 경우 집중력은 높아진다.

하지만 무엇이든 과유불급이듯이 도파민이 지나치게 많을 경우 오히려 집중력이 감소할 수도 있다. 지나친 흥분 상태에서는 집중력을 발휘하기 어렵기 때문에 적절한 수준의 도파민이 분비되어야만 적절한 에너지가 공급된다. 노르아드레날린이라고도 불리는 노르에피네프린은 교감신경을 활성화해 각성효과를 높여주기 때문에 주의력을 높이는 데 도움이 된다. 이러한 신경전달물질에 의해서도 주의력이나 집중력은 달라질 수 있다. 약간의 긴장 상태, 그러면서도 기분 좋은 느낌이 들 때가 느슨하거나 다소 부정적인 느낌이 들 때보다 집중하기에 좋다. 그러므로 주의력과 집중력을 높이기 위해서는 평소의 정서 상태를 긍정적으로 유지해야 할 필요가 있다.

셋째, 전두엽은 자유의지에 따라 의사결정을 하는 데도 밀접하게 관련되어 있다. 전두엽의 역량을 끌어올리는 것이 올바른 의사결정을 내리고, 집중력과 주의력을 발휘해서 해야 할 일을 효율적으로 마무리하는 데 필수적인 셈이다. 전두엽의 기능이 떨어지면 주의가 산만해지거나 주의를 지속하는 능력에 결함이 생기고, 감정이나 충동을 억제하지 못해 집중력을 발휘하기 어렵다. 충동적이고 즉흥적으로 행동할 가능성도 높아진다.

그렇다면, 어떻게 하면 전두엽의 기능을 높일 수 있을까? 눈에 보이지 않는 두뇌의 기능을 끌어올리기가 쉽지는 않지만, 최근에는 명상이나 마음챙김 같은 훈련이 전두엽의 기능을 높이는 데 도움 된다는 연구 결과들이 많이 등장하고 있다. 여기서 마음챙김은 신체 내부의 환경이나 외부 세계의 자극과 정보를 있는 그대로 알아차리는 의식적 과정인데, 명상의 한 실천 방법이라고 이해하면 된다. 이 외에도 전두엽의 기능을 끌어올리기 위한 다양한 인지훈련 프로그램이 있다. 예를 들면 인지자극 훈련, 생활습관 개선, 사회적 활동 등이다. 이러한 훈련을 하게 되면 뇌의 구조와 기능이 변화하며 집중력이나 주의력을 끌어올리는 데 도움이 될 수 있다.

주의력이나 집중력은 결과의 질을 달라지게 만드는 요인이 된다. 시간이 지날수록 양질의 결과물이 쌓이는 것과 좋지 않은 결과물이 축적되는 것 사이에는 더 큰 격차가 생긴다. 양질의 결과물들은 삶을 윤택하고 성공적인 방향으로 이끌어주지만, 좋지 않은 결과물들은 삶을 고되고 험난한 방향으로 이끌고 간다. 성공한 사람들은 꾸준히 양질의 결과물들을 만들어내고 축적해온 사람들이다. 그러므로 양질의 결과물을 쌓아가기 위해서라도 주의력과 집중력을 높이려는 노력이 필요하다.

평소 집중력이나 주의력이 떨어진다면, 전두엽의 기능이 약하기 때문일 수도 있다. 보이지 않는다고 방치하지 말고, 문제점을 제거하려는 노력을 할 필요가 있다. 뇌는 가소성 덕분에 우리가 원하는 방향으로 꾸준히 바꾸어 나갈 수 있다. 의도적이고 의식적으로 한 가지 일에 주의를 기울이고 오랫동안 집중하는 훈련을 반복하거나, 자신이 부족한 것들에 대해 체크리스트를 작성한 뒤 그것들을 고치려는 노력이 필요하다. 이러한 훈련을 통해 전두엽의 기능을 끌어올리는 효과를 얻는 것은 물론 주의력과 집중력을 높일 수 있을 것이다.

회복탄력성을 높이는
뇌 훈련

쉽게 상처받고 좌절하며 포기하는 사람들을 가리켜 우리는 '유리 멘탈'이라고 한다. 깨지기 쉬운 유리처럼 정신력이 약해서 작은 일에도 쉽게 흔들린다는 의미다. 이들은 남들이 보기에는 별것 아닌 일, 또는 '그까짓 거'하고 대수롭지 않게 넘겨버리면 되는 일도 집착하고 힘들어하며 정신적 충격으로 받아들인다.

반대로 성공한 사람들 중에는 '강철 멘탈'을 가진 사람이 많다. 그들은 쉽게 좌절하거나 상처받지 않는 강한 정신력을 가지고 있다. 실패했다고 넘어진 자리에 주저앉아 한탄하거나 자신을 비하하지 않고, 훌훌 털고 일어나 다음 목표를 향해 나아간다.

유리 멘탈이나 강철 멘탈은 회복탄력성과 연관되어 있다. 1년

365일을 보면, 맑은 날이 있으면 거세게 비바람이 부는 날도 있고, 기분 좋아질 정도로 새파랗고 청명한 하늘이 보이는 날이 있으면 앞이 안 보일 정도로 눈보라가 몰아치는 날도 있다. 날씨가 수시로 바뀌듯 우리 인생도 그러하다. 시련이나 역경 등 안 좋은 일이 일어났을 때 그 충격에서 벗어나 정상적인 삶으로 빠르게 돌아오는 힘을 회복탄력성이라고 한다.

회복탄력성이 높은 사람들은 역경을 이겨내고 제자리로 빠르게 돌아온다. 웬만한 일에는 상처를 받거나 흔들리지 않아서 상처를 받았더라도 그것을 이겨내는 시간이 짧다. 좌절을 겪을 때 쉽게 극복할 힘이 있고, 도전에 직면했을 때 끈기와 투지를 가지고 버티며 쉽사리 포기하지 않는다. 가까운 사람이나 친밀한 사람과 다투고 났을 때 빨리 잊고 다른 일에 집중할 수 있다. 또한 하던 일이 실패하더라도 주저앉아 좌절하는 것이 아니라 바닥을 딛고 일어나 빠르게 다른 기회를 찾는다.

반면, 회복탄력성이 낮은 사람들은 역경을 이겨내고 평소의 자리로 돌아오기까지 긴 시간이 걸린다. 작은 일에도 감정적 동요를 겪으며 쉽게 무너지며, 오래도록 고통받아 그 일을 쉽게 잊지 못한다. 뛰어넘기 힘든 도전에 직면했을 때도 쉽게 굴복하며 무기력해지고, 하던 일이 실패하면 침울한 기분에 잠기거나 체념에 빠져 허우적거린다. 가까운 사람과 다퉜을 때도 그 감정을 쉽게 떨쳐버리지 못하고, 오랫동안 괴로워한다.

우리가 큰일을 해내고, 인생에서 의미 있는 발자취를 남기려면 높은 회복탄력성을 갖추어야 한다. 성공한 사람들은 쉬운 일만 골라서 해낸 것이 아니라 수도 없이 많은 시련과 역경에 부딪치며 그것을 극복해낸 사람들이다. 그때마다 그들은 높은 회복탄력성을 발휘해 빠르게 일상으로 돌아가 다음을 준비한 것이다.

회복탄력성은 전두엽의 가장 앞쪽에 자리 잡은 전전두엽과 감정의 뇌인 변연계에 자리 잡은 편도체 간을 이어주는 경로의 강도에 따라 달라진다. 편도체와 전전두엽 간에는 굵은 신경다발이 마치 고속도로처럼 연결되어 있는데 편도체에서 보내는 공포와 두려움, 불안 등 각종 부정적인 감정들을 전전두엽에서 억제해준다. 만일 편도체에서 보내는 신호가 여과되지 않으면 알 수 없는 불안과 두려움으로 인해 불안정하고 부정적인 정서 상태를 보일 수밖에 없고, 해야 할 일에 집중할 수 없다. 전전두엽은 편도체에서 보내는 부정적인 신호를 걸러주고 억눌러줌으로써 안정되고 중립적인 정서 상태를 유지할 수 있도록 만들어준다.

사람에 따라서 신호를 주고받는 전전두엽과 편도체 간의 신경다발이 굵고 튼튼한 사람이 있는가 하면, 그렇지 못한 사람도 있다. 넓고 잘 닦인 고속도로에서는 차들이 안전하고 빠르게 달릴 수 있지만, 군데군데 구멍이 파인 좁은 도로에서는 차들이 안전하게 달릴 수 없다. 달리는 속도도 느릴 수밖에 없다. 회복탄력성이 높은 사람들은 넓고 잘 닦인 고속도로와 같이 굵고 튼튼한 신경다발을 가진 사람들이다. 편도체에서 보내오는 부정적인 신호를 받은 전전두엽이 빠르고 정확하게 편도체에 신호를 보내 부정적인 감정을 억제한다. 전전두엽에서 보내는 신호가 편도체에 빠르고 강하게 전달되다 보니 부정적인 감정에 오래 시달리지 않고, 짧은 시간 안에 정상적인 정서 상태로 돌아올 수 있는 것이다.

하지만 회복탄력성이 낮은 사람들은 얇고 빈약한 신경다발을 갖고 있다. 편도체의 부정적인 신호를 받은 전전두엽이 편도체를 억제하기 위해 신경신호를 보내지만, 좁고 파인 길로 인해 신호가 느리게 전달되며 때로는 중간에 소실되어 편도체에 제대로 도달되지 못한다. 제어하는 힘이 약하다 보니 부정적인 감정에서 벗어나는 데도 오랜 시간이 걸릴 수밖에 없다.

회복탄력성은 정서와도 깊은 연관이 있다. 부정적인 사고를 많이 하고, 부정적인 정서의 비중이 높은 사람들은 역경에서 벗어나는 시간이 길어서 완전한 회복을 하기 어렵다. 하지만 긍정적인 정서를 가진 사람들은 역경에서 벗어나 평소의 상태로 돌아오기까지 걸리는 시간이 짧다. 평소에 부정적인 사고보다는 긍정적인 사고를 하는 것이 회복탄력성을 높이는 데 훨씬 유리하다. 유연하고 긍정적인 사고를 하면 뇌가 긍정적으로 반응하지만, 경직

되고 부정적인 사고를 하면 뇌가 부정적으로 반응하기 때문이다.

기능의학의 권위자인 마크 하이먼은 경직된 사고, 뻣뻣한 사고, 거칠고 딱딱한 사고를 하면 뇌 속 세포도 뻣뻣해지고, 치매를 일으킬 수 있는 아밀로이드 플라크가 많이 쌓여 기억하고 수리하는 능력을 전반적으로 상실해 회복력이 떨어진다고 말했다. 그래서 회복탄력성을 높이기 위해서는 부정적 사고를 최대한 줄일 필요가 있다. 부정적 사고가 최악의 경우를 대비하려는 뇌의 기본적인 성향 때문에 일어나는 것이고, 구체적인 근거나 이유 없이 심리적인 이유로 발생한다는 것을 알면 훈련을 통해 억제하는 힘을 기를 수 있다.

회복탄력성과 관련된 뇌과학 연구는 아직 걸음마 수준에도 이르지 못했지만, 일부 학자들에 따르면 유전적 요인을 가지고 있다고 한다. 유전자 중 BDNF(brain-derived neurotrophic factor)는 '뇌유래신경영양인자'라고 하는데, 기존 신경세포의 생존을 뒷받침하고, 해마에서 만들어진 새로운 신경세포의 성장을 촉진하며, 신경세포 사이의 연결을 구축하는 데 도움을 주는 아주 유용한 물질을 생산한다. 이 유전자에 특정한 변이가 있는 사람은 해마의 크기가 다른 사람보다 아주 크다. 이들은 삶을 유연하게 바라보고 경험하며 새로운 사고의 틀을 만들어내는 역량이 뛰어나다. 이 유전자를 보유한 사람들은 다른 사람들보다 회복탄력성이 뛰어나다고 한다. 그래서 회복탄력성도 어느 정도는 선천적으로 타고난 것이라고 할 수 있다. 하지만 그렇다고 해서 회복탄력성을 높이려는 노력을 멈추어서는 안 된다. 회복탄력성은 인생 전반에 걸쳐 삶의 질을 크게 좌우할 수 있기 때문이다.

그렇다면 회복탄력성은 어떻게 높일 수 있을까?

첫째, 자신이 무언가 잘못했을 때 그것을 인정하고 받아들이는 것이다. 사람은 누구나 실수를 저지르고, 잘못을 한다. 자신이 실수하거나 잘못한 경우 그것을 있는 그대로 받아들이고 다음에는 그런 실수를 반복하지 않겠다는 교훈을 얻는 자세가 필요하다. 만약 자신의 실수나 잘못에 대해 절대 일어나서는 안 되는 일로 여기면서 집착하다 보면 다음에 같은 잘못을 저질렀을 때 더욱 큰 좌절감에 빠질 수 있다. 실수는 인정하되 같은 잘못을 반복하지 않고자 노력하는 자세가 중요하다.

둘째, 지나간 일은 지나간 일로 여기는 것이다. 지난 일을 두고두고 되새기지 말아야 한다. 그것을 아무리 되새겨본다고 해도 지나간 일의 결과는 달라지지 않고, 마음만 상할 뿐이다. 두뇌의 '대상회'라는 부위가 지나치게 활성화된 사람들은 과거에 집착하는 경향이 있다고 한다. 이 역시 마음 훈련을 통해 다스리려고 노력해야 한다.

셋째, 빠르게 주의를 전환하는 것이다. 회복탄력성이 높은 사람들은 자신을 도발하는 무언가를 앞에 두고 흥분하지 않으며, 자기 생각을 통제할 수 있도록 빠르게 다른 생각으로 옮겨간다. 자신이 처한 상황에 계속 머물러 있다 보면 마치 늪에 빠진 것처럼 점점 더 깊은 수렁으로 빠져들 수 있으므로 가장 좋은 방법은 서둘러 거기에서 벗어나는 것이다. 자신이 처한 상황과 다른 것으로 빠르게 주의를 전환하고, 그곳에서 자신의 생각을 가다듬으려는 노력이 필요하다.

넷째, 작은 일에도 즐거움과 기쁨을 느끼며 긍정적인 정서를 회복해야 한다. 부정적인 정서는 폐쇄회로에 갇힌 것처럼 더욱 나쁜 감정으로 이어질 수 있다. 그러므로 부정적인 정서에서 서둘러 탈피하는 것이 바람직하다. 이를 위해서는 사소한 것이라도 긍정적인 경험을 하는 것이 도움이 된다. 낙관적인 태도를 갖기 위한 노력으로 작은 성과를 통해 자신감을 쌓거나 운동이나 명상 등을 통해 스트레스 대응성을 높이는 것도 바람직하다.

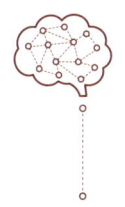

남 탓과 자기 비하를
지양하자

살면서 실패를 경험하지 않는 사람이 있을까? 천운을 타고난 사람이라면 그럴 수도 있겠지만 대부분의 평범한 사람들은 누구나 실패를 경험한다. 그리고 자신의 실패에 대해 돌아보며 후회한다. 아무리 똑똑한 사람, 잘난 사람, 돈 많은 사람이라도 살면서 자신의 지난 날에 대해 돌아보며 후회하지 않는 사람은 없을 것이다. 우리는 누구나 '그때 내가 왜 그랬을까?' 혹은 '그때 이렇게 했으면 더 나았을 텐데' 등 각종 크고 작은 후회에 시달린다. 이러한 후회는 인간이기 때문에 일어난다. 즉, 후회라고 하는 것은 뇌가 학습을 멈추지 않으려는 습성 때문에 생기는 것이다. 뇌는 지나간 경험을 바탕으로 미래를 대비하려고 한다. 인간이 기억을 가지고 있는 이유는 그 기억이 미래를 대비할 수 있게끔 경험을 재구성하기 때문이다.

어떤 숲길에서 곰을 만났다면 다시는 그곳으로 가지 않거나 반대로 곰을 잡기 위해 그곳으로 갈 수 있다. 만일 지나간 일을 기억할 수 없다면 경험은 없을 것이고, 그로부터 미래에는 어떻게 행동해야 할지 대비하는 일도 없을 것이다. 기억을 통해 학습하고, 그것을 바탕으로 실패 없이 안전한 미래를 맞이하려고 하는 것이 본능적인 뇌의 움직임이다. 결국 후회도 지나간 일을 되돌아보고 반성함으로써 미래에 같은 실수를 반복하지 않으려는 것이다. 하지만 뇌는 쉽게 잊는 특성도 가지고 있다. 후회했으면서도 시간이 흐르면 같은 실수를 반복하기도 한다. 후회를 넘어 배움을 얻고, 동일한 실수를 하지 않으려는 노력이 성공에 가까워지도록 한다.

무언가 계획대로 되지 않거나 하고자 하는 일이 실패할 경우, 뇌는 반드시 그 원인을 찾으려 한다. 원인을 찾아 제거하거나 수정함으로써 같은 문제가 재발하지 않도록 하려는 것이다. 뇌는 원인을 찾을 때 외부에서부터 찾는다. 주변 환경이나 주어진 상황, 관련된 사람들부터 돌아보며 왜 문제가 발생했는지 살핀다. 그러다가 외부에서 원인을 찾을 수 없을 때는 내부로 시선이 향한다. 자신이 부족했던 점이 무엇인지, 실수나 실패의 원인이 무엇인지 밝혀냄으로써 다시는 같은 일이 벌어지지 않도록 학습하려고 한다. 그럼에도 불구하고 끝내 뚜렷한 원인을 찾을 수 없을 때 자신을 비하하기도 한다. '원래 내가 부족해서 그래'라거나 '내가 복이 없어서 그래'라는 식으로 스스로에게 책임을 전가한다. 그러나 밖에서 원인을 찾는 것도, 자기 내부에서 원인을 찾는 것도 모두 문제가 될 수 있다.

문제가 생겼을 때 외부부터 바라보는 특성 때문에 무언가 잘못되면 꼭 남 탓을 하는 사람들도 있다. 보고서의 내용을 수정하는 재작업을 해야 한다면 방향을 명확히 알려주지 않은 팀장을 탓하거나 걷다가 킥보드에 발이 걸려 넘어지면 킥보드를 방치한 사람만을 탓하는 식이다. 이런 사람들은 일이 뜻대로 되지 않으면 환경 탓, 부모 탓, 친구 탓, 가난 탓을 하며 자신을 제외한 모든 주변 요소에서 문제의 원인을 찾으려 한다. 이렇듯 잘못의 원인에 자신을 빼놓고 외부의 탓만 하는 것이 습관이 되면, 발전할 기회를 잃어버리게 된다. 자신은 고칠 것이 없고 무결한 존재라고 생각하면 배워서 나아가겠다는 태도를 잃어버리고 자신만의 세상에 갇힐 가능성이 커진다.

그렇다고 모든 실패와 실수의 원인을 자기 탓으로만 돌리는 것도 건강하지 못한 태도다. 팀 프로젝트의 결과가 나쁠 때 자신이 역할을 다하지 못했다며 자책하거나 자녀가 잘못되었을 때 자신이 교육을 잘못 시켜서 그렇다고 여기는 경우가 있다. '내가 하는 게 늘 그렇지'라며 자기비하를 하거나 모든 것이 내 탓이라고 자괴감에 빠지다 보면, 자존감과 지위감이 떨어지고 문제의 근본을 보지 못하게 된다. 이런 태도 역시 성공적인 삶을 살아가는 데 방해가 된다.

가장 바람직한 태도는 상황을 철저히 냉정하고 객관적으로 바라보는 것이다. 어느 쪽으로도 치우치지 않고, 중립적인 관점으로 원인 분석을 해야 한다. 정확한 원인을 정확한 곳에서 찾으려는 노력이 지속되어야 남 탓을 하는 버릇이나 자신을 비하하는 습관을 고칠 수 있으며, 좀 더 발전적인 삶을 살 수 있다.

미래의 보상을 위해
현재의 만족을 지연시키기

신조어 중 '도파밍'이라는 단어가 있다. 도파밍은 '도파민(dopamine)'과 '파밍(farming)'의 결합어인데, 뇌에서 분비되는 신경전달물질인 도파민과 농사를 짓거나 수확한다는 뜻의 파밍이라는 단어가 합쳐진 것이다. 마치 게임을 하면서 아이템을 모으듯 재미있고 자극적인 일들을 추구하는 현상을 일컫는데, 일상에서 즐거움을 느낄 일만 찾으며 열매를 따듯 도파민이 주는 쾌감을 누리는 사회적 현상을 말한다. 이 현상은 나이 든 세대보다 젊은 세대에서 많이 나타나는데, 즉흥적인 즐거움을 추구하는 젊은 세대의 행태를 지적하는 용어라고 볼 수 있다.

도파민은 두뇌의 보상중추에서 분비되어 쾌감을 느끼게 해주는 신경전달물질이다. 누군가에게 칭찬을 받거나 금전적 이득을 얻거나 혹은 좋아하는 이성이 내 고백을 받아줄 때 뇌에서는 도파민이 분비된다. 초콜릿처럼 달콤한 음식을 먹거나 재미있는 영상을 볼 때도 도파민이 분비된다. 뇌 안에서 도파민이 분비되면 쾌감을 느끼기 때문에 도파민이 많이 분비될수록 기분 좋은 감정을 느끼게 된다.

인간의 기본적인 행동 원리는 '보상'과 '강화'다. 무언가 행위를 통해서 바람직한 결과를 얻으면 도파민이 분비되어 기분 좋은 감정을 느끼게 된다. 어려운 사람을 도와주고 나면 느껴지는 뿌듯함, 직장에서 칭찬받을 때 느껴지는 우쭐한 느낌 등은 모두 '보상'에 해당한다. 보상을 받고 도파민이 분비되면 사람들은 좋은 기분을 다시 느끼기 위해 같은 행위를 반복하려고 한다. 어려운 사람을 도와 기분이 좋아졌다면 또다시 누군가를 도와 그 감정을 느끼려 하고, 직장에서의 인정으로 지위감이 올라가면 누가 시키지 않아도 인정받기 위해 노력한다. 이를 '강화'라고 한다. 강화는 보상을 얻을 수 있는 행위는 더욱 자주 하는 것을 의미한다. 만약 강화 행동이 더욱 강해지면 중독으로 이어진다. 약물이나 도박 중독과 같은 부정적 의미의 중독도 있지만, 기부 중독과 같은 긍정적 의미의 중독도 있다.

반면 어떤 행동에 대해 보상을 얻지 못하면, 그 행위를 멀리하거나 반복하지 않으려 한다. 장시간 공부해도 좋지 않은 성적을 받는 일이 반복되면, 결국 공부에 흥미를 잃게 되는 것도 이에 해당한다. 이를 '회피'라고 한다.

보상과 강화, 회피가 인간 행동의 기본적인 원리다.

보상에는 즉각적으로 주어지는 단기 보상과 오랜 시간이 지난 후에야 주어지는 장기 보상이 있다. 맛있는 음식을 먹으면 바로 기분이 좋아진다. 추운 날 밖에서 벌벌 떨다가 집으로 돌아와 따뜻한 물에 반신욕을 하면 기분이 좋아진다. 생일에 평소 갖고 싶었던 물건을 선물로 받으면 행복하다. 이렇게 행위와 동시에 기분이 좋아지는 것을 즉각적인 보상이라고 한다. 코미디 프로그램을 보면서 웃음이 나는 경우나 좋아하는 가수의 공연을 보면서 카타르시스를 느끼는 것도 즉각적인 보상이라 할 수 있다.

《카라마조프가의 형제들》,《돈키호테》,《모비딕》처럼 몇백 쪽이 넘는 두꺼운 책을 며칠에 걸쳐 읽고 나면 뿌듯한 정복감과 함께 기분이 좋아진다. 오랜 시간 투자해 요리를 배우고 맛있는 음식을 만들 수 있게 될 때도 기분이 좋아진다. 온갖 유혹을 참고 공부에 몰두해 국가고시에 합격하거나 오랜 시간을 기다린 끝에 승급에 성공할 때도 마찬가지다. 이것은 모두 장기 보상에 속한다. 이렇듯 행위와 결과 간에 어느 정도 시간을 두고 즐거움을 느낄 수 있는 것이 장기 보상이다.

단기적인 보상을 얻으려면, 시간이 오래 걸려서 인내와 노력을 요구하는 일들은 할 수가 없다. 단기적인 보상을 원하면 바로바로 결과를 낼 수 있는 간단한 일들을 선호하게 된다. 예컨대 투자를 할 때도 장기투자보다는 데일리 트레이딩이나 단기투자 같이 성과를 곧바로 확인할 수 있는 방식을 선호한다. 길게 미래를 내다보고 믿음과 인내로 버틸 수 있는 일은 하려고 하지 않고, 더 나아가 할 수도 없게 된다.

성공을 하기 위해서는 인내력이 필요하다. 인내력은 단순히 무언가를 오래 참고 견디는 힘만을 뜻하지 않는다. 그것은 힘들고 어려운 상황이 닥쳤을 때 그것이 지나갈 때까지 참고 기다리는 힘에 더하여 그 사이에 좌절하거나 무너지지 않고 버티는 단단함, 그리고 한 번 다짐한 것에 대해 포기하지 않고 이어 나갈 지구력이 결합한 개념이다. 그만큼 단단히 각오하고 오랜 시간을 견뎌내야 하는 것이 인내력인데, 성공에 이르는 길은 웬만한 인내력으로는 감당할 수 없을 정도로 고단하다. 단기 보상에만 익숙해지다 보면 성공적인 삶을 영위하기 위해 필요한 장기 보상과 멀어질 수밖에 없다.

세상이 달라지면서 사람들의 욕구도 달라지고 있다. 기술의 빠른 발달과 넘쳐나는 정보로 인해 우리 앞에는 수많은 선택지가 있다. 이러한 환경의 변화에 발맞춰 사람들의 입맛도 점점 즉각적인 보상을 추구하는 쪽으로 바뀌고 있다. 예전에는 책을 읽으며 사색의 즐거움을 찾던 사람들이 많았지만, 이제는 짧은 영상을 통해 지식을 얻는 것을 선호하는 사람들이 더 많아졌다. 심지어 영상의 길이도 짧을수록 선호도가 높아서 1분 이내의 숏폼 형식이 크게 유행하고 있다.

그렇다 보니 조금만 재미가 없어도 사람들의 선택을 받지 못한다. 자극에 대한 내성이 생겨서 점점 더 강한 자극에만 반응하게 된다. 뜨거운 열이 가해져야 완성되는 팝콘처럼 사람들의 뇌도 강한 자극에만 반응하는 '팝콘 브레인'이 되는 것이다. 게임이나 도박 중독자의 숫자가 해마다 급증하는 이유도 즉흥적인 보상이 주는 쾌락에서 벗어나지 못하고 팝콘 브레인이 되기 때문이다. 이렇게 단기적이고 자극적인 보상에만 익숙해지면 뇌는 오랜 시간 공을 들여야 결과를 얻을 수 있는 일에 대해 거부감을 느끼고 회피하게 된다.

하지만 단기적인 보상만 추구하다 보면 현재의 만족만 중요하게 여길 뿐, 미래지향적인 삶을 살 수 없다. 산 정상에 닿기 위해서는 그 산을 한 걸음씩 걸어 올라가야 한다. 지루하고 고통스럽더라도 꾹 참고 걸음을 내디뎌야만 정상에 도착할 수 있다. 우리 인생도 마찬가지다. 성공이라는 고지에 도달하기 위해서는 현재의 만족보다 미래의 보상을 위해 현재의 만족을 지연시킬 줄 알아야 한다. 정상으로 가는 길에 만나는 온갖 장애물을 뛰어넘고 유혹의 덫에 빠지지 않도록 스스로를 독려하고 목표지향적으로 나아갈 수 있도록 박차를 가하는 힘이 필요하다.

그뿐만 아니라 장기적인 보상을 추구하는 의지와 인내력도 갖추어야 한다. 즉각적인 보상을 얻을 수 있는 주변의 유혹을 이겨내지 못하면 자신과의 싸움에서 무너질 수밖에 없다.

최고의 자리에 오르기 위해서는 즉흥적으로 주어지는 보상을 경계할 필요가 있다. 철저한 자기인내와 통제를 바탕으로 미래를 내다보면서 현재의 만족을 지연시킬 수 있어야 한다. 한 방울씩 떨어지는 물방울이 바위를 뚫듯이 오랜 세월 공을 들여야만 결과를 얻을 수 있는 것들이 훨씬 더 많기 때문이다.

뇌는 어떻게 활용하느냐에 따라 반응이 달라질 수 있다. 평소 단기 보상에 익숙해지도록 습관을 들이면 오랜 시간이 걸리는 장기 보상을 추구하기 어려워진다. 인터넷 검색, 짧은 영상을 통해 손쉽게 지식을 얻고 사고의 힘을 갖추려 하기보다 책을 읽거나 주위 사람들의 의견을 들어보는 등 발품을 팔아 지식을 얻고 사고의 힘을 갖추어야 한다. 너무 손쉽게 결과를 얻으려고 하기보다는 시행착오를 거치며 오랜 시간에 걸쳐 결과를 얻어야 하는 일도 마다하지 말아야 한다.

쉽게 싫증을 느끼는 습성을 버리고 한 가지 일을 꾸준히 밀고

나가는 근성을 길러보자. 이렇게 장기적인 보상에 익숙해지면, 뇌는 스스로 만족을 지연시킬 힘과 인내력을 키우게 된다.

알코올이 두뇌에 미치는 부정적인 영향

술은 정신을 흐리게 만드는 대표적인 물질이다. 유대인의 경전인 《탈무드》에는 술의 기원에 얽힌 이야기가 등장한다. 아담이 기르던 포도나무를 보고 감명을 받은 악마가 이 포도나무에 양, 사자, 원숭이, 돼지의 피를 거름으로 뿌렸다. 그러자 포도는 더욱 풍성하게 자라났고, 수확한 포도를 이용해 포도주를 담글 수 있게 되었다. 술을 마시면 처음에는 양처럼 온순해지지만 조금 취하면 사자처럼 사납게 난동을 부리고, 더 취하면 원숭이처럼 춤을 추며 우스꽝스러운 짓을 하다가 마지막에는 돼지처럼 더럽게 뒹굴게 된다고 한다. 경전에 나오는 교훈적인 이야기지만, 술이 사람의 정신을 흐리게 만든다는 것을 분명히 알 수 있다.

입을 통해 몸속으로 들어온 물질은 쉽게 뇌로 가지 못한다. 뇌에는 혈액-뇌 관문(Blood-Brain Barrier)이 있어서 혈액을 타고 들어온 세균처럼 유해한 물질이 뇌로 들어갈 수 없도록 걸러낸다. 하지만 알코올의 주성분인 에탄올은 물에 녹으면 입자가 극히 작아지면서 혈액-뇌 관문을 지나 뇌로 들어갈 수 있다. 이렇게 뇌에 침투한 알코올은 두뇌 활동에 영향을 미친다.

약물은 두뇌 활동을 활발하게 만드는 각성제와 기능을 저하시키는 억제제로 나눌 수 있는데, 알코올은 억제제에 속한다. 마치 오디오 볼륨을 낮추는 것처럼 알코올 성분은 뇌신경의 활동을 저하시킨다. 귀가 있는 측두엽 부분에 알코올 성분이 영향을 미치게 되면, 청각신경의 활동이 저하되므로 듣는 기능이 떨어진다. 그래서 술에 취하면 자기가 하는 소리나 상대방의 이야기를 잘 듣지 못하게 되어 큰 소리로 떠들게 된다. 거의 고함 수준으로 소리를 지르면서도 자신은 잘 알아차리지 못하는 것은 이러한 이유 때문이다.

뒤통수 부근에 자리 잡은 시각피질의 기능에도 영향을 미쳐 시야가 흐릿해지기도 한다. 언어중추나 혀의 움직임 등 운동신경에도 영향을 미쳐 말이 꼬이거나 발음이 어눌해진다. 방향이나 공간감각을 담당하는 두정엽의 기능이 지하되어 제대로 된 방향을 찾지 못하고 길을 잃거나 차도로 뛰어들기도 한다. 정밀한 자세나 동작을 제어하는 소뇌의 기능이 저하되므로 제대로 걷지 못하고 비틀거리거나 자리에서 일어나다 의자에 다리가 걸려 넘어지기도 한다.

길에 넘어져 얼굴에 상처가 생겨도 아픈 줄 모르는 것도 뇌에 미치는 악영향 때문이다. 감각피질의 기능이 저하되는 문제로 이어지기 때문이다. 체내의 수분을 조절하는 뇌하수체의 기능이 저하되어 몸속 수분을 자주 배출하느라 화장실을 들락거리게 된다.

심각한 문제는 감정 통제가 되지 않아서 인지 능력이 저하된다는 것이다. 눈 바로 뒤쪽의 안와전두엽은 감정의 뇌인 변연계에서 올라오는 감정들을 억누르고 통제하는 역할을 담당한다. 정상적인 정신 상태에서 충동적으로 행동하지 않게 만들어준다. 그런데 알코올이 안와전두엽의 기능을 저하시키면 감정을 억제하는 기능이 떨어지므로 이성적인 사고는 사라지고 감정의 지배를 받을 수밖에 없다. 술을 마시고 헤어진 연인에게 전화를 하거나 평소 용기가 없어 하지 못했던 고백을 하는 일, 혹은 평소 감정이 있던 윗사람에게 대드는 일 등도 감정을 억제하는 기능이 떨어져서다.

통제기능을 잃어버리면 분노를 참기 힘들어지기도 한다. 술을 먹고 옆자리에 앉은 사람과 다툼을 벌이거나 크게 소리를 지르며 화를 내는 것도 전두엽의 감정통제 기능이 상실되었기 때문이다.

당연히 사고의 기능도 영향을 받는다. 알코올에 의해 전두엽이 영향을 받기 시작하면, 사고를 깊이 있게 할 수 없고 올바른 판단을 하기 어렵다.

이처럼 술은 많이 마시면 마실수록 전두엽에 영향을 미치는 알코올의 양은 많아지고, 인지 능력은 급격히 저하된다. 그 양이 일정한 수준을 넘어서게 되면 인지 능력은 마치 8살 수준의 어린아이나 마리화나를 한 사람의 뇌처럼 아주 낮은 수준으로 떨어지게 된다. 이러한 상태에서는 사고와 판단이 제대로 이루어지지 못한다.

소량 음주는 기분을 좋아지게 만들지만, 자주 많이 마시면 뇌의 모든 기능은 떨어질 수밖에 없다. 특히 전두엽에서의 인지기능이 심각한 영향을 받는다. 전두엽은 두뇌의 CEO이자 인간을 인간답게 만들어주는 두뇌 부위로 이성적이며 논리적인 사고, 합리적인 판단과 의사결정, 미래를 예측하고 바람직한 계획을 수립하는 기능 등 고차원적인 정신세계를 담당한다. 이 부위가 알코올의 영향을 받아 신경 기능이 마비되고 제 기능을 못한다면, 어떤 일을 하든 좋은 결과를 낼 수 없다. 심각하게는 알코올성 치매로 이어질 수도 있다. 잦은 음주가 두뇌의 신경 연결을 차단하고, 이로 인해 신경질환인 치매 현상이 나타날 수 있다.

이렇게 사고 기능의 저하와 그릇된 판단은 잘못된 의사결정을 내리게 하고, 큰 손실을 입게 한다. 이로 인해 좌절을 느끼게 되고 또다시 술을 찾음으로써 부정적인 사이클에서 벗어날 수 없게 만들기도 한다.

맑은 정신은 좋은 성과를 얻는 데 필수적인 만큼 술을 멀리할수록 좋다. 명상을 통해 맑은 정신세계를 유지하고, 육체 운동을 통해 혈류의 흐름을 빠르게 함으로써 브레인 포그를 없애는 것이 중요하다. 평소 술을 좋아하는 사람이라면 즐거움을 찾기 위해 술에 의존하기보다는 다른 수단을 찾아보도록 하자. 정신이 맑아질수록 우리의 미래도 맑아질 수 있다.

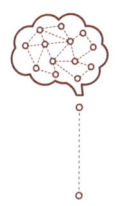

우리가 타인의 의견에 휩쓸리게 되는 이유는 무엇일까?

예전에 텔레비전 광고 중에 이런 카피가 있었다. "모두가 '예'라고 할 때 '아니오'라고 할 수 있는 친구. 그 친구가 좋다." 모 증권회사의 광고로, 등을 돌리고 선 수많은 사람들 사이에서 한 사람이 혼자 앞을 보며 환하게 웃고 있는 광고였다. 시키는 것만 고분고분하게 하지 않고, 소신 있고 당당하게 자신의 의견을 밝힐 줄 아는 신념 있는 직원이 필요하다는 의미로 해석할 수 있다. 하지만 유연한 조직문화가 형성되지 않은 조직에서 그렇게 한다는 것은 결코 쉽지 않을 것이다.

인간의 두뇌는 필요 이상으로 큰데, 이를 '대뇌화'라고 한다. 신체를 움직이는 데 필요한 뇌의 크기가 1이라면 인간의 뇌는 필요한 것보다 7.5배가 크다. 그 때문에 두개골 안에 들어가지 않는 뇌를 욱여넣다 보니 심하게 주름이 생겼다.

그렇다면 인간의 뇌는 왜 그렇게 커진 것일까? 이를 설명하는 이론 중 하나가 '사회적 뇌 가설'이다. 인간은 사회적 동물로, 수많은 사람들과 관계를 맺으며 살아간다. 사회와 문명이 발달함에 따라 관계를 맺고 관리해야 할 사람의 숫자가 많아질수록 인간의 뇌가 처리해야 할 정보가 많아질 수밖에 없다. 다섯 명과의 관계 유지와 50명과의 관계 유지에 들어가는 노력은 큰 차이가 난다. 인간관계를 잘 유지하고 사회적 질서를 따르는 데 필요한 기능을 수행하기 위해 뇌가 필요 이상으로 커졌다는 게 사회적 뇌 가설의 주된 내용이다. 실제로 사람들은 휴식을 취하거나 일에서 벗어날 때 다른 사람들과의 관계를 떠올릴 때가 많다. 우리는 기본적으로 다른 사람의 생각을 하는 존재라는 것이다.

그러다 보니 인간은 다른 사람들의 시선을 의식하지 않을 수 없다. 그래서 다른 사람들의 선택이 자신의 선택에 무언의 압력을 가할 때가 많다. 미국의 심리학자 솔로몬 애쉬가 1951년에 진행한 유명한 실험이 있다. 사람들을 모아 놓고 세 개의 직선을 보여주며 어느 것이 제일 긴지 물어봤다. 한 사람만 빼고는 모두 연구팀과 공모한 연기자들이었다. 누가 봐도 의심의 여지 없이 2번이 길다는 게 확연히 보였지만, 연구팀과 공모한 사람들이 모두 그보다 짧은 1번을 고르도록 사전에 지시했다. 이때 실험에 참가한 사람들은 자신도 모르게 1번을 골랐다. 100번의 실험 중 75명이 그렇게 잘못된 답을 말했다. 알면서도 고의적으로 틀린 답을 고른 75%의 사람들에게 이유를 묻자 굳이 파문을 일으키고 싶지 않아서였다고 답했다. 즉, 다른 사람들이 모두 옳다고 하는 것에 대해 혼자만 다른 것을 골라 이상한 사람이라는 취급을 당하고 싶지 않았다는 것이다. 사회적 관계를 중요시하는 뇌의 특성이 다른 사람들과 다른 의견을 선택하지 못하게 압력을 가하는 요인이 되었던 것이다.

사람은 다른 사람, 즉 엄마나 아빠 등 주변 사람들의 모습을 모방하고 학습하면서 두뇌가 발달한다. 거울뉴런을 통해 다른 사람의 행동을 보고 그대로 따라 하려는 특성이 있기 때문이다. 그러다 보니 다른 사람들로부터 많은 정보를 얻는다. 특히 상황이 애매모호하고 불확실할 때는 타인의 의견을 참고하려는 경향이 강해지는 게 우리 뇌의 특성이다.

타인의 의견은 원시시대부터 인류의 역사가 거듭되면서 많은 사람이 믿을 수 있게 축적해놓은 정보를 말한다. 예를 들어, 어디선가 크고 날카로운 소리가 들렸다고 해보자. 사람들이 그 소리를 듣고 비명을 지르며 달아난다면, 그 소리가 총소리나 대포 소리일 수 있다. 이런 경우에는 다른 사람들을 따라 도망가는 것이 최선이다. 이러한 일들이 반복되다 보면, 경험적으로 우리 뇌에는 다른 사람들의 의견을 따르는 것이 생존에 유리하다는 인식이 심어진다. 비록 자신은 다른 생각을 갖고 있어도 다수가 자신의 생각과 다르다면 그들의 의견을 따르는 것이 옳다고 판단하는 것이다.

사회적 동물인 인간은 자신이 속한 사회에서 다른 사람들과 잘 어울리며 모범적으로 살아가고 싶어 한다. 특수한 상황이 아니라면 다른 사람들과 관계를 맺고 무리 없이 살아가려고 하기에 평소라면 옳지 않다거나 이성적이지 않다고 여기는 것들조차 조화를 위해서라면 기꺼이 동조하는 경향이 있다. 특히 자신이 속한 조직의 힘이 강할 때 그런 경향이 두드러지게 나타난다. 이처럼 논리적이거나 이성적인 생각보다 집단을 생각하는 결정이 우선할 때 이를 '집단사고'라고 한다. 자신은 그렇게 생각하지 않지만 집단을 위해 자기 생각은 미루어두는 것이다.

이러한 특성 때문에 앞서 예시를 든 광고처럼 집단에서 다른 사람들의 의견에 반대되는 의견을 자신 있게 제시하기란 쉽지 않다. 조직문화만으로 해결할 수 있는 문제가 아니라, 뇌의 기본적인 특성까지 엮여 있는 문제이기 때문이다. 하지만 다른 사람들을 따라 하기만 해서는 좋은 결과를 얻을 수 없다. "친구 따라 강남 간다"는 말이 있지만, 그렇게 한다고 해서 친구처럼 성공한다는 보장이 있는 것은 아니다. 조직에 속한 다른 사람들은 자신의 앞가림만 할 뿐 다른 사람의 앞날은 책임져주지 않는다.

살면서 가장 중요한 것은 자신의 사고와 판단이다. 그 누구도 자신의 사고와 판단을 대신할 수는 없다. 군중심리에 따라 다수가 선택하는 방향으로 나아가는 것이 옳을 때도 있지만, 그 선택이 늘 옳은 것은 아니다. 다른 사람들 역시 또 다른 사람들의 눈치를 보며 자신이 원치 않는 방향으로 움직였을 수 있기 때문이다. 자신이 명확한 기준을 만들어놓고 그 기준에 따라 사고하고 판단하는 것이 바람직하다. 성공적인 삶을 위해서는 다른 사람의 의견을 귀담아듣되 그들의 말에 휩쓸리지 않고, 자신의 의견을 강하게 밀고 나갈 줄도 알아야 한다.

제3장

건강한 관계가
뇌를 바꾼다

KNOWING YOUR BRAIN CHANGES YOUR LIFE

우리는 거절에 대해
본능적인 두려움을 갖고 있다

인생을 뜻대로 살기 위해 갖춰야 할 것에는 여러 가지가 있지만, 흔히들 간과하는 것이 바로 거절이다. 우리는 누군가에게 무언가 제안을 했다가 거절을 당하면 무안해지기도 하고, 마음에 상처를 입기도 한다. 거절을 당하는 경험이 자기를 부정하는 감정의 싹을 틔우게 하고, 자신감을 잃게 만들 수 있다. 그래서 사람들은 누군가에게 부탁하는 것을 어려워한다.

   반대로 누군가가 어려운 부탁 혹은 수락하기 힘들거나 수락하지 않아야 하는 부탁을 하는 경우도 마찬가지다. 그것을 거절하지 못하면 삶이 생각보다 고달파질 수 있다. 하지 않아도 될 일을 끌어안고 끙끙거릴 수도 있고, 금전적으로나 관계 측면에서 큰 손실을 볼 수도 있다 보니 자신의 뜻과 달리 엉뚱한 방향으로 끌려가기 쉽다. 그러기에 누군가로부터 거절당하는 것을 익숙하게 받아들이거나 누군가의 부탁을 거절할 줄도 알아야 한다. 거절에 익숙해질수록 삶의 자유도 높아질 수 있다.

사실 인간의 본성은 거절을 받아들이기 힘들게 설계되어 있다. 뇌는 거절을 '자신에 대한 거부'라고 받아들여서 집단을 이루고 사는 사회에서 누군가로부터 거부당하는 것은 그 집단에서 인정받으며 함께 어울릴 수 없다고 여긴다. 마치 따돌림당하고 배척당하는 것처럼 여기는 것이다. 뇌는 거절에 대해 본능적으로 두려움을 갖고 있다.

미국의 신경과학자 나오미 아이젠버그는 흥미로운 실험을 했다. 피험자들을 모은 뒤 컴퓨터 두 대와 사이버에서 공을 주고받는 게임을 하도록 했다. 실험자들에게는 컴퓨터의 가상 인물을 실제 사람이라고 속였다. 처음에는 셋이 모두 공평하게 공을 주고받지만, 시간이 지날수록 의도적으로 피험자를 제외하고 컴퓨터끼리만 공을 주고받도록 했다. 공을 주고받는 상대가 컴퓨터라는 것을 모르는 사람들은 그런 현상에 대해 극도로 서운함과 분노를 느꼈다. 다른 두 사람이 자신을 따돌리고 있다고 여긴 것이다.

이때 피험자의 두뇌를 fMRI 장비를 이용해 관찰하자 등쪽 전대상피질이 활성화되었다. 이 부위는 육체적으로 고통을 느낄 때 활성화되는 두뇌 영역이다. 사람들로부터 따돌림을 당했을 때 마치 신체적으로 고통을 받을 때와 똑같은 심리적 고통을 느낀다는 것인데, 누군가로부터 부탁을 거절당했을 때도 동일한 반응이 나타난다. 따돌림이나 거절, 불공평한 대우 등은 인간이 본능적으로 감내하기 힘든 행동인 셈이다. 그러다 보니 대다수의 사람은 그러한 감정을 느끼고 싶지 않아서 누군가로부터 거절당하는 것을 두려워한다. 반대로 자신이 누군가의 부탁을 거절하지 못하는 것도 마찬가지다. 거절을 당했을 때 자신이 심리적으로 고통을 느낀다는 것을 잘 알기 때문에 누군가에게 똑같은 고통을 주고 싶지 않은 것으로, 마음이 여릴수록 거절을 잘 하지 못한다.

하지만 거절에 익숙해지지 못하면 마음먹은 대로 살아가기 어렵다. 영업을 하는 세일즈맨이라고 가정해보자. 영업은 '거절'이라는 세잎클로버 밭에서 '승낙'이라는 네잎클로버를 찾는 일과 같다. 네잎클로버를 발견하려면 수없이 많은 세잎클로버를 살펴보아야 한다. 단번에 네잎클로버를 찾아내기란 불가능에 가깝다. 우리는 무언가 의미 있는 성과를 내기 위해서는 수많은 도전을 해야 한다. 자신이 떠올린 아이디어를 누군가에게 제안할 수도 있고, 그 아이디어를 기반으로 사업에 필요한 자금을 빌려야 할 수도 있고, 누군가에게 자신의 아이디어를 팔 수도 있고, 뜻하지 않게 아쉬운 얘기를 꺼내야 할 때도 있다. 성공에 이르는 길은 혼자 갈 수 없기에 누군가의 도움이 반드시 필요하므로 부탁하는 일도 수없이 있을 것이다. 그때마다 거절이 두려워 부탁을 하지 못한다면 많은 기회를 놓칠 수밖에 없다.

만일 거절을 당해 좌절하거나 자신을 비하한다면 또 다른 기회는 생각조차 할 수 없다. 거절이 두려워 새로운 일을 하지 않으려 하거나 자신의 힘으로 할 수 있는 일만 찾게 될 것이다. 다른 사람들이 가진 힘을 이용하지 못하므로 지렛대 효과를 이용하지 못하고 현상 유지를 하거나 작은 성공에 만족하고 말 것이다.

성공한 사람들은 거절을 상처라고 여기지 않는다. 대부분은 뻔뻔할 정도로 거절에 익숙해져 있다. 자존심에 상처를 입히는 일이라고 여기기보다는 기본적으로 거쳐 가야 할 관문이라 여긴다. 거절은 인간의 두뇌가 만들어내는 본능적인 두려움이지만, 노력을 통해 그 두려움을 이겨낼 수 있어야 한다.

블로거인 지아 장은 의도적으로 거절을 당하는 '거절 프로젝트'를 100일간 진행했다. 중국 베이징에서 나고 자란 그는 미국에서 공부를 하면서 성공한 기업가의 꿈을 가졌지만, 늘 거절당하는 것에 대해 큰 두려움이 있었다. 그 두려움에 발목이 잡혀 사업가가 되고 싶은 꿈을 빈빈이 미룰 수밖에 없었다. 어느 날 지아 장은 거절에 대한 두려움을 이겨내지 않고서는 사업가로 성공할 수 없음을 깨닫고 두려움을 없애기 위한 자신만의 프로젝트를 시작했다. 100일에 걸쳐 하루에 한 가지씩 거절당할 만한 일을 찾아내 부탁해서 일부러 거절을 당하고, 이에 무뎌져보는 것이었다. 그것을 통해 거절이 주는 두려움에 대한 내성을 키우고자 했다.

그는 패스트푸드점에서 햄버거를 리필해달라고 부탁하거나, 경비원에게 100달러를 빌려달라고 하거나, 낯선 집 문을 두드린 후 뒷마당에서 축구를 하게 해달라고 부탁했다. 그는 예상대로 수많은 거절을 당했고, 때로는 정신 나간 사람 취급을 받기도 했다. 그러나 실제로 그의 부탁을 들어준 사람도 많았다. 당연히 거절당할 것이라고 예상하고 부탁한 것들이건만 아무렇지도 않게 그의 부탁을 들어준 사람들이 있었다. 뿐만 아니라 그의 부탁을 실질적으로 들어주지는 못해도 어떤 식으로든 도움을 주려고 하는 사람도 많았다.

이 프로젝트를 통해 지아 장은 거절당하는 것이 두려워서 진정으로 자신이 원하는 것을 드러내지조차 못했고, 그로 인해 너무나 많은 기회를 놓치고 살았다는 사실을 깨달았다. 그제야 그는 거절당했을 때의 부정적 감정에 익숙해질 수 있었다. 게다가 이 프로젝트가 큰 화제를 불러일으키며 세계적인 유명인이 되어 자신의 사업을 궤도에 올려놓게 되었다.

집단에서 쫓겨나면 안 된다는 원시시대의 본성에 사로잡힌 뇌는 거절을 두려운 감정으로 여기지만, 현대사회에서 거절은 더이상 두려움의 대상이 될 수 없다. 누군가로부터 거절당했다고 해서 그것이 인정받지 못했다는 의미도 아니고, 평판이 나쁘다는 의미도 아니다. 일상에서 수없이 거쳐 가야 할 하나의 관문에 불과할 뿐이다. 그러므로 거절당하는 것에 대해 큰 의미를 둘 필요는 없다.

복권을 사지 않으면 복권에 당첨될 기회조차 없는 것처럼 거절당할까 두려워 손을 내밀지 않으면 성공의 기회조차 가질 수 없다. 거절에 대한 공포와 두려움을 이겨내야만 하고자 하는 일의 실행력이 높아질 수 있다. 한편으로는 누군가의 불편한 부탁을 거절할 줄도 알아야 한다. 세상은 늘 이성적이고 합리적으로 돌아가는 것만은 아니다. 그래서 때로 불합리하거나 이해되지 않는 부탁을 해오는 사람들도 있다. 만일 그것을 거절하지 못하면 시간과 비용을 포함한 자원의 낭비가 생겨 에너지의 소모가 따를 수 있다. 자신의 삶을 주체적으로 살지 못하고 타인의 입맛에 맞춰 살아야 할 수 있다. 그러한 것들이 누적되면 큰 손실로 이어질 수 있다.

그러므로 누군가의 부탁을 거절하는 것도 자연스럽게 받아들여야 한다. 상대방의 심기를 거스르지 않기 위해 우물쭈물하다 큰 손실을 보기보다는 용기 내 거절함으로써 손실을 방지하는 편이 낫다. 또 솔직하고 예의 있는 태도로 상대의 부탁을 거절하는 것은 장기적으로는 관계를 지키는 길이기도 하다.

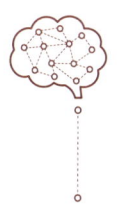

질투심을
발전적인 에너지로 전환하자

'크랩 이론(Crab Theory)' 또는 '크랩 멘탈리티(Crab Mentality)'라는 용어가 있다. 양동이 안에 여러 마리의 게를 넣어놓으면, 그중 다른 게들을 밟고 양동이 밖으로 탈출하려는 게들이 생긴다. 하지만 쉽게 탈출하지 못하는데, 탈출하려고 하는 게의 다리를 다른 게들이 밑에서 붙잡고 늘어져 양동이 안으로 다시 떨어뜨리기 때문이다. 이런 현상에 빗대어 자기가 가질 수 없는 것을 다른 사람도 갖지 못하게 하는 행동 혹은 남들이 성공하는 모습을 눈 뜨고 보지 못하며 기필코 끌어내리려는 마음가짐을 '크랩 멘탈리티'라고 일컫는다. 이런 현상의 기반에는 시기나 질투, 경쟁심 등의 감정이 내포되어 있다.

일본 방사선의학종합연구소에서 이와 관련해 재미난 실험을 했다. 20대 초반의 젊은 남녀를 대상으로 학창시절의 동창생이 사회적으로 크게 성공해 부와 명예를 누리며 호화로운 생활을 하고 있다는 상상을 하도록 지시했다. 이때의 두뇌 활동을 fMRI를 이용하여 실시간으로 관찰하자 대뇌피질과 변연계를 잇는 등쪽의 전대상피질 부위가 활발하게 움직이는 것을 발견했다. 앞서 언급한 것처럼 이 부위는 육체적·심리적 고통을 느낄 때 활성화된다. 이는 동창생들이 크게 성공한 모습을 상상하는 순간, 자신도 모르게 심적 고통을 느꼈다는 것을 잘 보여준다. 잘나가는 동창생과 비교했을 때 상대적으로 자신의 모습이 초라하게 느껴지면서 열등감이 발현된 것이라 할 수 있다. 자신의 처지에 대한 불안, 동창생에 대한 시기와 질투 등의 감정이 마음에 상처를 일으킨 것이다.

연구진은 이번엔 실험 내용을 바꾸었다. 조금 전 크게 성공해 화려한 삶을 살던 동창이 불의의 사고를 당해 사업에 실패하면서 빚더미에 오르거나 배우자의 외도로 인해 불행한 삶을 살게 된 모습을 상상해보라고 요구했다. 이때의 두뇌 활동 역시 fMRI를 이용해 실시간으로 관찰했는데 놀라운 결과가 나타났다. 전대상피질의 활동이 멈추고 쾌감을 느끼는 보상회로가 활성화된 것이다. 방금 전까지 느끼던 심적 고통은 사라지고, 즐겁고 신나는 느낌을 받았다는 것이다. 자신의 동창생이 고통을 받는 모습을 상상하면서 쾌감을 느꼈다는 것인데, 전대상피질의 활동이 활발했던 사람일수록 보상회로의 활동이 활발했다고 한다. 경쟁자의 성공에 배가 아팠던 사람일수록 경쟁자의 불행에 크게 기뻐했다는 것을 의미한다. 이러한 감정을 독일어로 '샤덴프로이데(schadenfreude)'라고 한다. 이는 고통을 뜻하는 샤덴(schaden)과 기쁨을 뜻하는 프로이데(freude)가 결합한 것으로, 남의 불행을 보면서 느끼는 즐거움이나 기쁨을 나타낸다.

'키 큰 양귀비 신드롬'도 비슷한 감정을 뜻하는 말이다. 양귀비가 가득 핀 들판에서 오직 하나의 양귀비만 키가 크면 사람들의 이목을 끌어당겨 다른 양귀비들이 그 양귀비를 질투하게 된다. 상대적으로 나보다 잘난 사람을 시기하고 질투하는 인간의 심리를 나타내는 것으로, 또래보다 재능이나 성취가 뛰어난 사람들을 깎아내리거나 비난하는 현상을 말한다.

이처럼 인간의 본성에는 정도의 차이만 있을 뿐 시기와 질투가 자리 잡고 있다. 겉으로는 진심으로 축하해 주는 것 같아도 마음속을 들여다보면 어느 정도의 시기와 질투가 있을 수밖에 없다.

시기와 질투는 무엇 때문에 생기는 것일까? 근본적으로는 경쟁의식에서 비롯된다고 할 수 있다. 헤비급과 플라이급이 서로 싸우지 않는 것처럼 서로 라이벌이라고 느끼지 못하는 사람들 사이에서는 시기나 질투의 감정이 일어나지 않는다. 대부분 어느 정도 경쟁 관계라 여기는 사이에서 시기와 질투의 마음이 일어나게 마련이다.

사람에게는 두 가지 본능이 있다고 여겨지는데 하나는 자기 자랑이고, 다른 하나는 다른 사람에 대한 험담이다. 자랑은 스스로 자신의 지위감을 높이고자 하는 마음에서 비롯되는데, 여기서 지위감은 다른 사람이 자신의 가치에 대해 갖는 감정을 말한다. 지위감이 높다는 것은 다른 사람들이 자신을 가치 있는 사람으로 여긴다는 뜻이다. 비싼 명품 가방, 한 끼에 몇십만 원씩 하는 고급 음식, 고가의 자동차 등 남들이 가지지 못한 것을 가지고 있다는 것을 보여줌으로써 다른 사람들로 하여금 부러움을 갖게 만드는 것이 자신의 지위감을 높이기 위한 자랑이다. 이런 자랑거리가 가장 잘 작동하는 곳이 바로 SNS 같은 커뮤니케이션 공간이다.

자랑 이외에 또 다른 하나의 감정은 험담이다. 자신을 자랑함으로써 지위감을 높이고 싶지만 아무것도 자랑할 것이 없을 때, 나보다 잘나가는 사람을 깎아내려 나와 같은 수준으로 끌어내림으로써 나의 지위감을 회복하고 싶은 마음이 험담이다. 부하직원들이 상사를 험담하는 이유는 그들로 인해 떨어진 지위감을 회복하기 위해서다. 자랑과 험담 모두 지나친 경쟁의식에서 비롯된다고 할 수 있다.

지나친 경쟁의식은 누군가와 나를 비교하게 만든다. '비교(比較)'의 한자를 풀어보면, '비(比)'는 날카로운 비수(匕) 두 자루가 나란히 있다. 비수의 한쪽 끝은 상대방을 겨누고 있지만, 다른 한쪽 끝은 자신을 향하기 마련이다. 그래서 비교는 양쪽 모두를 상처 입게 만든다.

게다가 대부분은 비교를 통해 우월감을 느끼기보다 열등감을 느낀다. 아래를 내려다보기보다는 위를 올려다보는 것을 선호하기 때문이다. 아래를 내려다보면 상대적으로 감사함을 느낄 수 있지만, 위를 올려다보면 모두 나보다 나은 사람들이니 열등감을 느낄 수밖에 없다. 이 열등감은 시기와 질투를 불러일으키고, 그들의 성공을 보면서 배 아프다는 느낌이 들도록 만든다.

율리우스 알렉산더는 로마제국의 속국 중 하나인 시리아 엠에사 왕가의 귀족이었다. 그는 사냥술에 뛰어났는데, 말을 타고 창으로 사자를 제압하는 모습은 많은 사람의 찬사를 불러일으켰다. 황제였던 코무두스는 율리우스의 인기에 질투심을 느꼈다. 결국 그는 율리우스가 황제의 권위에 도전한다는 구실을 만들어 살해하고 만다.

누군가에게 경쟁의식을 느끼는 것이 반드시 나쁘다고 할 수는 없지만, 이것이 열등감으로 이어지면 시기와 질투의 감정을 불러일으켜 자신에게 좋지 않은 결과를 가져온다. 경쟁자에 대한 중상모략을 일삼고, 이기기 위해 수단과 방법을 가리지 않게 되면 그것은 결국 자신을 파멸의 길로 이끌 수도 있다.

어렵지만 시기와 질투의 감정을 긍정적이고 발전적으로 승화시켜야 한다. 경쟁 상대를 깎아내리고 모함하기보다는 그들의 성공을 부러워하되 무엇 때문에 성공할 수 있었는지 성공 요인을 분석하고 자신이 할 수 있는 것을 찾아야 한다. 상대를 비난하고 험담하는 것보다는 상대에게서 배울 점을 찾아야 한다. 벤치마킹도 결국은 상대방이 잘하는 것을 찾아내어 나에게 발전적으로 적용하는 것이다.

뇌의 작동 방식 때문에 인간은 누구나 시기와 질투의 감정을 피해갈 수 없지만, 본능에 끌려 좋지 않은 방향으로 활용하기보다는 자신에게 발전적인 방향으로 활용하는 것이 중요하다. 자신의 부족한 점을 상대방은 어떻게 활용하는지 살펴보고, 자신의 단점을 보완하려는 노력은 성공을 향한 지름길이 될 수 있다.

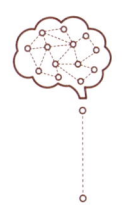

감정의 뇌보다
이성의 뇌에 말 걸기

우리는 누구나 혼자의 힘만으로 살 수 없다. 특히 성공한 사람일수록 주변의 도움을 받은 경우가 많다. 그들로 인해 지렛대 효과를 얻어 적은 노력으로도 큰 성과를 거둘 수 있는 것이다.

이렇듯 삶을 성공적으로 살기 위해서는 좋은 인간관계가 필수적이지만, 인간관계만큼 어려운 것도 없다. 우리는 어떻게 하면 좋은 사람들을 옆에 둘 수 있을까?

가장 기본적인 원칙은 감정으로 대화하지 않고 이성으로 대화하는 것이다. 사람 사이에는 늘 오해와 갈등이 생겨나기 마련인데 감정을 앞세워 대화하다 보면 그런 일들이 많아질 수밖에 없다. 이성적인 대화를 통해 오해를 없애고 상대의 지위감을 높여주면, 사람들과 좋은 관계를 유지할 수 있다.

   최근에는 반론도 많고 잘못된 이론이라는 지적도 많지만 많은 신경과학자들에 따르면, 뇌는 3층으로 이루어져 있다고 한다. 뇌의 가장 깊은 쪽에는 생명의 뇌, 파충류의 뇌라고도 하는 뇌간이 있다. 이곳은 호흡, 심장박동, 체온 조절, 재채기, 구토 등 생명 유지 기능을 담당한다.

   뇌간을 둘러싼 변연계는 감정의 뇌라고 불린다. 이곳에는 편도체가 있어 두려움이나 공포, 분노, 짜증과 같은 감정을 느끼게 하고 보상중추가 있어 기쁨이나 쾌감 등을 느낄 수 있게 한다. 대부분의 포유류가 이 부위를 가지고 있어 포유류의 뇌라고도 한다.

   마지막으로 변연계를 둘러싼 부위는 대뇌피질 혹은 신피질이라고 부른다. 우리가 흔히 볼 수 있는 쭈글쭈글하게 주름 잡힌 회색 부위가 바로 대뇌피질이다. 이 부위는 이성적 사고를 만들어 내는 기능을 담당한다. 사람을 비롯해 일부 지능이 높은 영장류에게만 존재하기 때문에 영장류의 뇌라고도 불린다.

   두뇌에 에너지 공급이 충분치 않을 경우 뇌간, 변연계, 대뇌피질 순으로 에너지가 공급된다. 호흡이나 맥박이 멈추면 생명도 멈추게 되므로 뇌간에는 에너지 공급이 절대 끊어져서는 안 된다. 이성과 감정 중에서 생명 유지에 더욱 중요한 것은 감정이다. 자신을 잡아먹을 수 있는 맹수 앞에서 두려움이나 공포를 느끼지 못하면 목숨을 잃을 수도 있기 때문이다. 자신보다 힘센 상대가 화가 났다는 것을 제때 알아차리지 못하면 안 좋은 일이 생길 수도 있으므로 이성보다는 감정의 뇌에 먼저 에너지가 공급되어야 한다.

뇌간과 변연계에 필요한 에너지가 공급된 뒤에야 비로소 이성의 뇌로 에너지가 흘러들어간다. 그런데 두려움이나 공포, 분노로 인해 감정의 뇌가 활성화되면 그곳에서의 에너지 소모가 늘어나면서 이성의 뇌로 흘러들어가는 에너지는 줄어든다. 당연히 논리적이고 이성적인 사고는 줄어든다. 몹시 화가 난 사람은 이성적으로 사고하지 못하는 것도, 캄캄한 밤 낯선 괴한이 칼을 들고 쫓아오면 두려움으로 인해 제대로 된 대처 방안이 떠오르지 않는 것도, 자녀를 인질로 잡고 있다는 사기꾼의 전화를 받으면 자식을 잃을 수 있다는 공포감 때문에 사실인지 여부를 확인할 생각을 하지 못하는 것도 모두 이러한 이유 때문이다. 이렇듯 감정의 뇌가 주도권을 잡으면 이성의 뇌는 제대로 작동하지 못한다.

사람과의 관계에 있어서도 이런 원칙이 적용된다. 누군가와 대화를 하거나 관계를 맺을 때 감정의 뇌가 활성화되면, 이성적인 사고가 마비되고 불쾌한 감정이나 오해가 생기기 쉽다. 그러다 보면 대화가 통하지 않게 된다.

차를 몰고 가다가 갑작스럽게 차선을 끼어드는 차로 인해 교통사고가 났다고 해보자. 서로 상대방이 잘못이라고 여기고 목소리를 높이며 분노를 드러내면, 감정의 뇌끼리 부딪치게 된다. 이성의 뇌는 주도권을 잃기 때문에 대화가 되지 않고, 목소리 큰 사람이 이기게 된다. 한쪽은 불같이 화를 내는데, 다른 한쪽이 조곤조곤 논리적으로 설명을 하면 말이 통하지 않는다. 양쪽 모두 한 발 물러서서 사고 상황을 객관적으로 바라보고 이성적으로 이야기를 나누어야 비로소 대화가 진척될 수 있다.

무언가 실수한 직원 앞에서 고래고래 소리를 지르면 그 사람의 뇌는 두려움이라는 감정에 사로잡히고, 상사가 하는 말을 전혀 알아듣지 못한다. 거기에 대고 잘못한 게 무엇인지, 왜 그것이 잘못인지 이야기해봐야 제대로 알아듣지 못한다. 상대는 본의는 아닐지라도 소귀에 경 읽기 하듯 흘려듣고 만다.

이렇듯 감정의 뇌가 주도권을 잡고 있는 상황이 잦아지면 관계가 소원해질 수밖에 없다.

누군가와 좋은 관계를 유지하고 싶다면 감정의 뇌를 건드려서는 안 된다. 자신은 물론 상대방도 이성의 뇌로 대화할 수 있도록 만드는 것이 중요하다. 무엇보다 먼저 상대의 자존감이나 지위감을 건드려선 안 된다. 예를 들면 "일 잘한다고 하더니 별거 없네"라고 말하거나, 상대를 향해 비난이나 험담을 하면 상대방은 자존심에 상처를 입고 기분만 상할 뿐이다.

뇌는 좋은 것보다 나쁜 것을 더 기억하고 자극을 받기에 비난은 칭찬보다 훨씬 많은 영향을 미친다. 칭찬을 받을 때 나오는 호감 호르몬인 옥시토신의 화학반응은 약 5분이 지나면 사라지지만, 비난을 받을 때 나오는 스트레스 호르몬인 코르티솔은 한 시간에서 두 시간까지 영향을 미친다.

사회적 자기 이론에 따르면, 인간은 자신이 중요하게 여기는 주변 사람들로부터 계속 인정받음으로써 사회적 지위를 유지하려는 동기가 있다고 한다. 비난은 이 동기를 위협하기 때문에 자신을 비난한 사람에게 결코 호감을 느낄 수 없다. 인간에게 지위감은 의식주와 같이 기본적인 욕구에 해당하기에 지위감이 상하면 기본적인 욕구가 훼손된 것처럼 마음에 상처를 입는다. 그래서 상처를 준 사람과는 상대하려고 하지 않는다.

화가 나는데 아닌 척 꾹꾹 눌러 참는 것도 그다지 좋지 않다. 뇌 안의 거울뉴런으로 인해 상대방이 내가 화가 났음을 알게 되는 것은 물론, 화를 참는 모습을 보며 불안해하기 때문이다. 이럴 때는 차라리 대화 자체를 피하는 것이 좋다.

잔소리나 충고도 좋지 않기는 마찬가지다. 텔레비전 프로그램 〈유 퀴즈 온 더 블럭〉에 출연한 초등학생은 이렇게 말했다. "잔소리는 왠지 모르게 기분 나쁜데, 충고는 더 기분 나빠요." 잔소리와 충고는 기본적으로 상대방이 무언가를 잘못했다는 전제를 깔고 있어서 그 부분을 고치려고 하는 의도가 담겨 있다. 그런데 그런 조언이나 충고의 기준점은 자기 자신이다. 즉, 상대방이 자신이 원하는 대로 바뀌길 바라서 하는 말인 것이다.

하지만 그 누구도 완벽하지 않듯이 조언이나 충고를 하는 사람조차 누군가의 시선에서는 못마땅한 것이 당연하다. 자기 기준에 맞춰 누군가를 바꾸려 하다 보면, 상대방은 비난받을 때와 마찬가지의 감정이 들게 된다. 이런 일이 반복되다 보면, 관계는 틀어지게 된다. 상대방의 모습을 있는 그대로 받아들이고 인정하는 편이 좋은 관계를 유지하는 데 더 도움이 된다.

이렇듯 좋은 인간관계를 유지해나가기 위해서는 감정의 뇌보다는 이성의 뇌에 말을 걸어야 한다. 자신을 인정해주고 북돋아주는 사람에게 대립각을 세울 사람은 없다. 상대가 자존감이나 지위감을 갖게 하는 가장 좋은 방법은 그 사람을 대화의 주인공으로 만드는 것이다. 즉, 상대방으로 하여금 말을 많이 하도록 하는 것이다. 사람은 어떤 모임에서든 자신이 말을 많이 할 때 주인공이 된 것 같은 느낌을 받는다. 상대적으로 말을 하지 못하고 듣기만 하면 아웃사이더가 된 것 같은 느낌을 받는다. 대화의 중심도 상대방에게 맞춰서 자신의 이야기를 위주로 하기보다는 상대의 이야기를 들으려는 자세가 필요하다.

이렇게 상대방이 나에 대한 호감을 갖도록 소통하다 보면 신뇌가 싹트고, 관계 호르몬인 옥시토신이 분비되며 더욱 원활한 관계로 이어질 수 있다. 사람들과의 좋은 관계는 성공적인 삶을 위한 디딤돌이다.

칭찬과 감사가
뇌를 건강하게 한다

 칭찬이나 감사를 적극적으로 표현하는 것은 사람들과 좋은 관계를 유지해나갈 수 있는 아주 효율적인 방법이다. 칭찬을 들으면 뇌 안의 보상중추인 선조체가 활성화되고, 쾌감을 느끼게 해주는 신경전달물질인 도파민의 분비가 늘어나 만족감과 성취감을 느끼게 된다.
 학자들에 따르면, 칭찬 한 번은 1%의 봉급이 상승했을 때만큼의 만족감과 같은 효과가 있다고 한다. 이것은 크게 돈 들이지 않고도 누군가의 마음을 살 수 있는 효율적인 방법인 셈이다. 실제로 칭찬을 많이 해준 조직은 생산성이 높고 상대적으로 이직률이 낮다고 하는데, 칭찬을 해주지 않은 조직보다 이직률이 1/3 수준으로 낮다고 한다.

칭찬은 개인의 건강과 창의적 사고에도 영향을 미친다. 지속적으로 칭찬을 받은 뇌는 코르티솔이나 노르에피네프린 같은 스트레스 호르몬의 분비가 줄어들고, 면역계와 내분비계가 강화되어서 건강이 좋아진다. 두뇌에서의 신경 활동은 전기신호로 이루어지다 보니 뇌에서는 뇌파가 발생하는데, 이 중 알파파는 주로 통찰력을 얻거나 창의적인 생각이 떠오를 때 급격히 증가한다. 칭찬을 받으면 뇌에서 알파파가 크게 발생하므로 창의력을 발휘할 가능성이 높아지는 셈이다. 칭찬을 많이 받은 사람은 칭찬을 받지 못한 사람보다 좋은 아이디어를 떠올릴 기회가 많아질 수밖에 없다.

칭찬을 받으면 두뇌에서 혈류량도 많이 증가해 순발력과 적응력, 일에 대한 의욕이 높아진다. 성인들을 대상으로 문자를 입력하는 실험에서 칭찬을 해준 그룹은 칭찬을 해주지 않고 지켜보기만 한 그룹보다 훨씬 빨리 문자를 입력했다. 칭찬으로 분비되는 신경전달물질이 두뇌를 집중력 있고 안정적인 상태로 만들어주어 신경신호가 손실 없이 안정적으로 처리되는데, 이로 인해 일을 처리하는 속도도 빨라지는 것이다.

칭찬은 자존감과 심리적 지위감을 높여주는 데도 한몫한다. 칭찬을 받은 대상은 자신이 상대방으로부터 인정받고 있다는 느낌을 받게 되고, 자신의 지위에 대해 안정감을 느낀다. 강한 소속감을 느끼게 되면서 매슬로의 욕구 계층 이론이 주장하는 것처럼 보다 높은 단계의 욕구를 실현하려 한다. 더 가치 있는 일에 자신을 헌신하려고 하는 것이다. 반면 무엇을 해도 칭찬받지 못하는 사람은 '내가 일을 잘 못하나? 이러다 해고당하는 거 아니야?'라고 생각하며 자신의 능력과 위치에 대한 불안감으로 업무에 집중하지 못하며, 이직할 기회를 엿보게 된다. 점점 소속감이나 충성심은 찾아볼 수 없게 되는 것이다.

칭찬을 받은 사람은 높은 도덕관념을 갖고 자신이 맡은 일에 적극적으로 참여하려 한다. 직원들의 도덕관념과 칭찬 사이에는 높은 상관관계가 있는데, 근무 시간에 나태하거나 비품을 훔쳐 가는 등 비도덕적인 행위를 하지 않는 사람 중 95%는 자신의 리더가 칭찬에 탁월하다고 인정했다. 그들은 리더를 믿고 자신이 몸담은 조직에서 적극적으로 일한다.

칭찬을 많이 해야 하는 또 다른 이유는 상대방으로 하여금 칭찬하는 사람에 대한 신뢰감을 높여주기 때문이다. 칭찬을 받은 사람은 칭찬해준 상대방에게 존경심을 갖게 되고, 그것이 반복되면 신뢰감으로 굳어진다. 칭찬을 해준 사람이 시키거나 부탁하는 일에 자발적으로 몰입하게 되고, 그 일에 헌신하려는 마음이 커진다.

성공한 사람들은 일반적으로 주위 사람들에게 칭찬을 많이 하고, 칭찬에 인색하지 않은데 칭찬이 이러한 효과가 있음을 알기 때문이다. 칭찬에 인색하고 비난과 비판에만 몰두하면 주위 사람들이 떠나갈 수밖에 없다. 우리는 주변 사람들의 협조와 지원을 받아야 성공할 수 있고, 특히 나이가 들고 위치가 높아질수록 그것이 절대적으로 중요해진다. 자신을 위해 적극적으로 도와줄 수 있는 실무 세력이 필요할 때는 칭찬을 잘하는 것만으로도 원하는 효과를 충분히 얻을 수 있다. 특히 두루뭉술한 칭찬보다는 가능한 한 구체적으로 칭찬하면 존경과 신뢰를 얻을 수 있을 것이다.

칭찬만큼이나 감사를 표현하는 것도 중요하다. 흔히들 감사는 아랫사람이 윗사람에게 표현하는 것이라고 생각하기 쉽지만, 아랫사람에게 감사함을 잘 표현할수록 윗사람으로서의 입지가 단단해질 수 있다. 우리는 종종 누군가의 호의를 당연하게 여긴다. '당연함'이 머릿속에 자리 잡는 순간 좋은 면보다는 부족한 면이 부각되고, 칭찬보다는 비난이나 충고에 쉽게 이끌릴 수밖에 없다. "당신 잘되라고 하는 소리야"로 시작되는 듣기 싫은 잔소리도 늘어난다. 그런 이야기를 듣는 사람의 뇌에서는 스트레스 호르몬이 분비되어서 상대와의 관계가 소원해지기 쉽다.

주변 사람들에게 감사를 자주 표현하면, 그들의 두뇌에서 보상 중추가 활성화되어 도파민 분비가 늘어나고 만족감이 높아진다.

관계를 좋게 만들어주는 옥시토신 분비가 늘어나서 감사 인사를 건넨 사람에 대한 호감이 높아지고, 무슨 일이든 기꺼이 도와주고 싶은 마음도 커진다. 뿐만 아니라 친밀감이 늘어나서 심리적 거리가 줄어들고, 신뢰가 형성된다. 주변 사람들에게 감사함을 자주 표현하면 잘못된 일에 대해 책임을 돌리는 일도 줄어들고, 잘된 일에 대해서는 상대에게 공을 돌리게 된다. 자기충족감, 자긍심, 자존감이 높아져 맡은 일을 자신 있게 해낼 책임감도 상승한다. 자발적 참여가 늘어나며 감사 인사를 해준 사람과 조직에 대한 충성심도 향상된다는 점에서 감사는 칭찬과 동일한 효과를 가져온다.

무언가를 열심히 했음에도 불구하고 감사하다는 말을 듣기는커녕 당연하게 취급받으면, 뇌 역시 부정적으로 변한다. 편도체가 활성화되면서 거부감이나 불쾌함 같은 부정적 감정에 휩싸이고, 스트레스로 인해 코르티솔과 같은 호르몬 분비가 늘어난다. 게다가 전두엽의 기능을 충분히 활용하기 어려워지면서 일의 능률도 떨어질 수 있다. 무슨 일이든 당연하다고 받아들이기보다는 감사한 마음으로 받아들여야 한다.

중요한 점은 그런 마음을 겉으로 분명하게 표현해야 한다는 것이다. '말 안 해도 다 알겠지'라고 생각하며 감사함을 표현하지 않는다면 오히려 독이 될 수 있다. 상대로 하여금 괘씸하다는 생각이 들게 하거나 서운한 감정을 느끼게 해서 관계가 악화될 수 있다.

3주 동안 감사 훈련을 하자 웰빙과 전반적인 심리 건강이 증진됐다는 연구 결과가 있다. 이 훈련에 참가한 사람들은 활력과 운동량이 증가하고, 낙천적 사고가 늘었으며, 수면의 질이 향상되었다고 한다. 더 나아가 타인을 돕는 데 더 많은 시간을 쏟는 변화가 생겼다.

가톨릭 베네딕트회 수사인 데이비드 스타인들 라스트는 "행복해야만 감사할 수 있는 것은 아니다. 감사한 마음이 행복을 불러온다"고 말했다. 하지만 감사한 마음을 갖는 데도 노력이 필요한데, 매일 잠자리에 들기 전 감사 일기 쓰기를 추천한다. 어떤 날은 하루 24시간이 짧게 느껴지기도 하고, 어떤 날은 아무 일 없이 무의미하게 지나간 것처럼 느껴지기도 한다. 그런 날조차도 사소한 어떤 것에서든 감사한 점을 찾을 수 있다.

감사 일기를 쓰면 자신과 주변에 대해 긍정적으로 바라보게 되는 효과가 있어서 낙천적인 사고를 가질 수 있다. 감사 일기를 쓰다 보면 자신에게 나쁜 일보다는 좋은 일이 훨씬 더 많이 일어난다는 것을 알게 된다. 그날 일어난 일 중에서 감사할 만한 것을 세 개 정도 찾아 간단하게 적기만 하면 된다. '맛있는 저녁을 먹을 수 있게 해줘서 감사합니다', '친한 친구가 안부인사를 물어와서 감사합니다', '큰일 없이 하루를 마무리할 수 있게 돼서 감사합니다'와 같은 식이다. 감사 일기를 꾸준히 써보자. 주변 사람들에게 감사함을 표현하는 것도 더 자연스러워지고, 자신의 삶도 점차 달라지게 될 것이다.

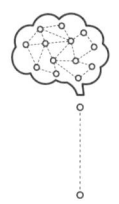

부정적인 생각과 감정을 키워
오해의 굴레에 갇히지 말자

살다보면 사람들 사이에서 흔히 오해가 일어나고, 이것은 관계와 일에 부정적인 영향을 미칠 때가 많다. 오해는 무엇인가에 대해 잘못 알고 있다는 것을 의미한다. 사실이 아닌 것을 사실로 받아들이거나 잘못된 것을 사실인 것처럼 받아들이는 것이다. 오해는 원활한 소통을 가로막고 상대방에 대해 부정적인 감정을 갖게 하며, 관계가 불편해지게 한다. 누군가와 깊이 있고 신실한 관계를 유지하기 위해서는 오해를 쌓지 말아야 하지만, 열 길 물속은 알아도 한 길 사람 속은 모르기에 종종 오해가 생기곤 한다. 오래 알고 지낸 사이에서도 오해는 충분히 생길 수 있으며, 인간관계에서 오해는 시도 때도 없이 생긴다.

사람들이 오해를 하는 이유 중 하나는 그릇된 추측 때문이다. 뇌는 100% 사실에 근거해서만 판단하지 않는다. 에너지 투입을 줄여서 신속하게 판단하기 위해 대략적인 정보만 이용하고 나머지는 꿰맞춘다. 정확성은 떨어지지만 그 편이 빠르기 때문이다. 주어지는 모든 정보를 이용하여 판단하려고 하는 경우 정보의 홍수에 치여서 과부하에 걸리게 된다. 주어진 모든 정보를 감당할 수 없어 대략적인 정보만 가지고 판단하려는 뇌의 성향으로 인해 오해가 발생하곤 한다.

무슨 일이 일어나면 사람들은 행동의 원인을 알고 싶어 한다. 하지만 사람들이 원인을 밝혀내기 위해 활용할 수 있는 정보는 한정적이다. 지극히 제한된 정보를 활용해 원인을 찾으려 하다 보면, 앞뒤가 맞도록 만들기 위해 비어 있는 부분을 분석이나 추론으로 메꿀 수밖에 없다. 조각난 사실들을 분석과 추론이라는 아교를 이용해 하나의 시나리오로 만드는 것이다. 뇌는 꽤 자주 그런 방식으로 움직인다. 하지만 분석과 추론은 전적으로 자신의 입장에서 이루어지는 것일 뿐 상대방의 입장을 고려한 것이 아니다. 사실 여부를 떠나 믿고 싶은 대로 단정할 우려가 있다는 것이다. 더 나아가 그렇게 추측한 것을 사실처럼 여기고 상대방에 대해 더욱 안 좋은 감정을 갖게 될 수 있다. 이미 한쪽으로 감정의 무게 추가 심하게 기우는 셈이니 관계가 안 좋아질 수밖에 없다.

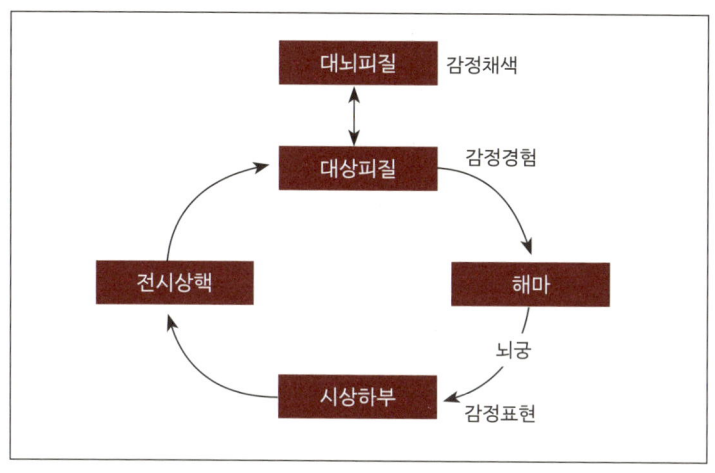

 두뇌의 특성도 오해를 키우는 요인이 된다. 위 그림에서 보듯이 인간의 뇌에는 안 좋은 일이 있을 때 그것을 부정적인 방향으로 증폭시키는 뫼비우스의 띠 같은 회로가 있다. 안 좋은 감정을 경험하면 그 정보가 시상이라는 부위를 거쳐 시상하부로 전달되고, 화를 내거나 허탈한 웃음을 짓거나 울음을 터뜨리는 등 감정 표현을 하게 된다. 시상을 통해 받아들인 정보는 대뇌피질의 한 부위인 전두엽으로도 전달되는데, 여기에서는 그 정보의 좋고 나쁨을 판단한다.

 이러한 감정의 경험을 하는 회로가 폐쇄적이어서 감정을 느끼고 표현하고 그것에 색칠을 하는 일들이 뫼비우스의 띠처럼 반복적으로 일어난다. 이를 파페즈 회로(Papez circuit)라고 하는네, 처음에는 주먹만 한 부정적인 생각이 점점 시간이 지나면서 집채만큼 커지도록 만든다. 그림을 그리면서 물감을 자꾸 덧칠하면 원래의 그림 형태를 알 수 없듯 부정적인 감정은 생각이 거듭되며 더욱 두터워진다. 작은 오해가 생각을 거듭할수록 더욱 크게 느껴지고, 부정적인 감정을 증폭시키는 것이다.

뇌는 긍정적인 사고를 잘하지 못한다. 부정적인 사고에 익숙해져 있는 것이 뇌의 특성이다. 이러한 본능에서 벗어나 불필요한 오해를 하지 않는 가장 좋은 방법은 쓸데없이 추측하거나 추론하지 않는 것이다.

얼굴에 난 작은 부스럼을 치료하는 가장 좋은 방법은 만지지 않는 것이다. 만지면 만질수록 커지고 덧나며 고름이 찰 수 있다. 부정적인 생각도 마찬가지다. 생각하면 할수록 점점 더 안 좋은 방향으로 커진다. 그 과정에서 온갖 좋지 못한 생각과 말들이 머릿속에 자리 잡게 되고, 고슴도치처럼 날카로운 가시가 되어 온몸에 돋는다. 이렇게 부정적인 생각은 갈수록 머릿속에 가득 차기 때문에 처음에는 상대방에 대해 그리 나쁘지 않았던 감정도 점점 더 악화되면서 그 사람을 '나쁜 사람'으로 단정 짓고 만다. 단지 조그맣게 느꼈던 서운한 감정이 괘씸함이나 배신감으로 번지게 되고, 심지어는 '이 사람과 계속 만나야 하나'라는 좋지 못한 생각까지 든다. 그러다보면 하지 말아야 할 생각까지 이를 수도 있다. 관계를 끝내도 그만이라 여기는 것이다.

이런 생각이 머릿속에 담겨 있으면 첫 마디부터 거친 말이 튀어나올 수밖에 없다. 마치 고슴도치의 가시처럼 온몸에 박혀 있는 안 좋은 생각과 말은 머릿속에서만 머무는 것이 아니라 입을 통해 상대방의 귀로 전달되기 마련이다. 상대방은 그럴 때 당황스럽고 기분이 상할 수밖에 없다. 감정이 상한 상대도 얼떨결에 거친 말을 내뱉으면, 두 사람 사이에는 고성이 오가거나 험한 말들이 오가기 쉽다. 이성의 뇌는 사라지고 감정의 뇌만 남아 서로 대립하게 되는 것이다. 호미로 막을 수 있었던 작은 오해를 가래로도 막지 못하고 서로 등을 돌리는 지경에 이르는 것이다. 이러한 뇌의 특성을 먼저 이해하고, 자기만의 생각에 갇혀 불필요한 추측을 하는 습관을 버려야 한다.

물론 다른 사람의 말에 쉽게 흔들리는 팔랑귀가 되어서도 안 된다. 누군가에 대한 오해는 자기 스스로 만들기도 하지만, 때로 다른 사람의 입을 통해서 심어지기도 한다. 뇌는 늘 자극을 필요로 한다. 뇌의 특성 중 하나는 지나치게 오랜 시간 동안 자극이 없으면 환상이나 환청처럼 스스로 자극을 만들어낸다. 늘 주변 사람들을 보면서 뭔가 재미난 것이 없는지 관심을 갖고 찾으려 하며, 조그마한 일도 침소봉대하며 퍼뜨리곤 한다. 그렇게 자극을 더하기 위해 이야기가 부풀려지다 보면, 불필요한 오해가 생길 수밖에 없다. 다른 사람의 말에 쉽게 흔들리는 사람일수록 더

쉽게 누군가를 오해해 인간관계에 어려움을 겪을 수 있다. 그러므로 인간관계를 원만하게 유지하려면 다른 사람의 말에 쉽게 휘둘리지 않기 위한 노력이 필요하다.

그리스의 철학자 소크라테스가 사는 마을에 다른 사람에 대해 이야기하는 것을 좋아해 여기저기 헛소문을 퍼뜨리는 청년이 찾아왔다. 하루는 소크라테스가 나무 그늘 밑에서 쉬고 있는데 그 청년이 소크라테스를 발견하고 먼저 달려와 이야기를 꺼냈다.

"선생님, 제가 아주 재미있는 얘기를 들었어요. 윗마을에 사는 필립 있잖아요. 착한 줄 알았던 그 친구가 글쎄…."

소크라테스가 다급하게 말문을 막으며 물었다.

"그 친구에 대한 이야기를 하기 전에 먼저 세 가지 체에 걸러 보세. 첫 번째 체는 사실이라는 체라네. 자네가 지금 하려는 이야기가 사실인가?"

그러자 청년은 머뭇거리며 답했다.

"글쎄요. 저도 누군가에게 들은 얘기라 잘 모르겠습니다."

소크라테스가 청년에게 한 번 더 물었다.

"두 번째 체는 선이라네. 자네가 하려는 이야기가 사실이 아니라면 좋은 내용인가?"

청년은 이번에도 머뭇거렸다.

"아니요. 좋은 내용은 아닙니다."

소크라테스가 마지막으로 청년에게 물었다.

"이제 세 번째 체로 한 번 걸러보세. 자네 이야기가 꼭 필요한 것인가?"

이번에도 청년은 선뜻 대답하지 못했다. 그러자 소크라테스가 청년을 보며 말했다.

"사실인지 아닌지도 확실하지 않고, 좋은 것도 아니고, 꼭 필요한 것도 아니라면 말해봐야 무슨 소용이 있는가?"

소크라테스는 당대는 물론 지금까지 존경받는 철학자이자 현자이므로 그렇게 현명하게 처신할 수 있었겠지만, 우리도 인간관계에 있어서 이 이야기를 기억할 필요가 있다.

사람들은 사실이 아닌 이야기를 분석과 추론을 통해 추측하고 그것을 사실처럼 단정하려고 한다. 그런 것들은 잘못된 인간관계를 만드는 첫 단추가 된다. 분석과 추론이 긍정적인 것보다는 부정적인 것으로부터 출발하기 때문에 사고의 방향도 부정적인 방향으로 흘러갈 수밖에 없기 때문이다. 게다가 사람들의 분석이나 추론은 대부분 자신의 생각을 합리화하는 방향으로 이루어진다. 즉, 자신이 믿고 싶은 방향으로 흘러간다는 것이다. 분석과 추론을 통해 추측한 내용은 자신이 처음 가졌던 섭섭함이나 서운함, 괘씸함이나 불쾌감 등의 감정을 더욱 공고하게 만든다. 진실이 어떤 것이든 상관없이 부정적인 감정의 주춧돌 위에 더욱 단단한 오해의 집을 짓는 셈이다.

    이런 분석이나 추론이 제대로 들어맞을 리 없다. 사실보다는 사실이 아닌 이야기들이 더 많이 녹아들어갔기 때문이다. 주변 사람들의 말을 귀 기울여 잘 들어야 하지만, 그렇다고 그들의 말을 전적으로 사실로 받아들이지도 말자. 사실 여부를 알 수 없는 일에 불필요하게 추측하지 않고 다른 사람의 말에 쉽게 휘둘리지 않는 것만으로도 인간관계에서 피해 갈 수 없는 오해는 어느 정도 줄일 수 있다.

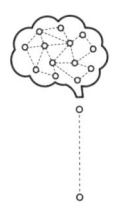

인적 네트워크는
사고와 판단의 질을 높인다

고대 이집트에 한 여왕이 있었다. 여왕에게는 두 명의 아들이 있었는데 왕위를 물려주기 위해 두 사람에게 숙제를 내주었다. 각자 2년 안에 피라미드를 하나씩 짓도록 하고 먼저 피라미드를 완성한 아들에게 왕위를 물려주겠다고 약속했다. 숙제를 받은 첫째 아들은 망설임 없이 그날부터 당장 실행에 옮기기 시작했다. 돌을 깎아 열심히 밑단을 쌓기 시작했고 1층을 완성하기까지 그리 오랜 시간이 걸리지 않았다. 하지만 두 번째 단을 쌓을 때부터 문제가 생기기 시작했다. 돌이 너무 무거워 들어 올리기가 쉽지 않다 보니, 2층 한 난을 쌓는 데만 1년 가까이 걸렸다. 그래도 포기하지 못한 첫째 아들이 2층은 완성했지만, 3층부터는 좀체 진도가 나가지 않았다. 돌의 무게가 너무 많이 나가 들어 올려 쌓을 수 없었던 탓이다. 그렇게 이러지도 못하고 저러지도 못하는 사이, 여왕이 정해준 마감일이 3개월 앞으로 다가왔다.

둘째 아들은 무슨 생각인지 그때까지도 피라미드를 전혀 쌓지 않고 있었다. 첫째 아들은 피라미드를 완성하지는 못하더라도 둘째보다 높게 쌓았으니 왕위는 자신이 물려받을 수 있을 것이라 여겼다. 하지만 머지않아 둘째가 일을 하기 시작했는데, 한 번도 본 적 없는 커다란 기구를 공사장으로 가지고 왔다. 그러더니 그것을 이용해 무거운 돌들을 손쉽게 들어 올렸다. 첫째보다 20개월 정도 늦게 시작했지만, 둘째의 피라미드는 순식간에 진행되었다. 결국 마감 기한에 맞춰 둘째가 웅장하고 멋있는 피라미드를 완성했고, 첫째는 3층조차 제대로 쌓지 못해 실패하고 말았다. 왕위는 당연히 둘째에게 돌아갔다.

이 이야기는 지렛대와 도르래의 중요성을 함축적으로 잘 설명해준다. 지렛대와 도르래 모두 적은 힘을 들이고도 무거운 물체를 손쉽게 옮길 수 있도록 도와준다. 아르키메데스는 자신에게 충분히 큰 지렛대와 받침대만 준다면, 한 손으로 지구를 들어 올릴 수 있다고 장담하기도 했다. 가능성이 희박해 보이는 일도 지렛대를 이용하면 수월하게 해결할 수 있을 만큼 그 위력이 대단하다.

연말이 되면 텔레비전 시상식에서 각종 상을 받은 연예인들이 주변 사람에게 공을 돌리는 모습을 볼 수 있다. 스포트라이트는 성공한 한 사람만 받을 수밖에 없지만, 그 자리에 오르기까지는 주위에 도움을 준 수많은 사람들이 있게 마련이다. 성공한 사람들에게는 주변에 그를 도와준 사람들이 많았다는 것인데, 뒤집어 말하면 성공한 사람들이 그들의 힘을 잘 이용한 것이라고도 할 수 있다. 그들은 혼자서는 할 수 없는 일들을 마치 지렛대를 이용하듯 주위 사람들의 역량을 활용함으로써 성공이라는 자리에 오른 것이다. 모든 일을 혼자서 한다는 것은 이집트 왕국의 첫째 왕자처럼 지렛대의 도움 없이 피라미드를 쌓는 것이나 다를 바 없다. 그러면 일은 일대로 힘들고, 성과는 성과대로 나오지 않는다.

성공한 사람들은 주위의 인재를 지렛대로 활용할 줄 안다. 자신이 직접 필요한 모든 능력을 갖추기보다 능력 있는 사람을 주위에 두고, 그들을 적재적소에 활용할 줄 안다. 자신에게 필요한 능력을 갖춘 사람을 채용해 그들의 능력과 역량을 십분 활용하는 것이다. 내 능력의 부족함을 자책하며 좌절하는 것은 핑계일 뿐이다. 자신의 부족함을 채울 방법은 얼마든지 있기 마련이니 부족함을 채워줄 지렛대를 어떻게 써야 할지 익혀야 한다.

지렛내가 효과를 발휘하기 위해서는 일단 주위에 사람이 많아야 한다. 폭넓은 분야에 걸쳐 다양한 능력과 관심사를 가진 사람들과 교류해야 한다. 내향적인 성격이라고 해서 폐쇄적으로 교류하는 데 익숙해지면 안 된다. 관심사와 취향이 비슷한 사람끼리 모이면 '에코 챔버 효과(Echo Chamber Effect)'가 나타날 수 있다. 에코 챔버란 반향실이라고도 하는데, 특수한 재료로 벽을 만들어서 소리가 밖으로 새어 나가지 못하고 메아리처럼 돌아오도록 만든 방을 말한다. 어떤 소리를 내도 똑같은 소리가 돌아오기 때문에 반향실처럼 생각이 비슷한 사람끼리만 모이게 되면 편향된 사고나 신념, 가치관 등이 더욱 증폭되면서 확증편향이 심해지게 된다.

미국의 달 착륙이 음모론이라고 믿는 사람들이 모여서 이야기를 나누다 보면 의심이 증폭되면서 결국 조작이라는 주장으로 이어지게 되는데, 이 역시 에코 챔버 효과다. 소수의 사람만 만나다 보면 자신과 비슷한 사람들과 어울리게 되고, 자기 생각과 비슷한 이야기들만 들을 수밖에 없으며, 다양한 관점을 보지 못해 사고의 편향이 일어날 수밖에 없다. 이 문제가 심각해지면, 잘못된 의사결정으로 이어질 수도 있다.

충동을 억제하고 감정을 처리하는 역할을 하는 것으로 알려진 안와전두엽의 크기는 개인의 성향과 관련됐다는 연구가 있다. 일반적으로 이 부위가 큰 사람들은 외향적인 성향을, 작은 사람들은 내향적인 성향을 나타낸다고 한다. 외향적인 사람들은 개개인과 관계하는 깊이는 상대적으로 얕은 대신 폭넓은 인적 네트워크를 구성한다. 적은 수의 사람들과 교류하며 깊은 관계를 형성하는 것보다는 많은 사람들과 어울리며 다양한 세상을 접하는 것을 선호한다. 내향적인 사람들은 그와 반대다. 자신이 관여되어 있는 인적 네트워크는 작지만, 그 안에서 깊이 있고 끈끈한 관계를 유지하고 싶어 한다.

물론 어느 쪽이 좋다고 말할 순 없지만, 내향적인 사람들은 에코 챔버 효과가 나타날 우려가 있다. 소수의 폐쇄된 사람들과만 어울리다 보면 다양한 관점으로 바라보지 못하고 한쪽으로 쏠리는 사고만 할 수 있는데, 이는 의사결정에까지 영향을 주게 된다. 그래서 폭넓은 인적 네트워크를 갖는 데 불편함을 느끼더라도 의도적으로 많은 사람과 교류하려는 노력이 필요하다.

많은 사람과 교류해야 하는 또 다른 이유는 사물의 행동유도성(Objective affordance) 때문이다. 다른 사람이 하는 말을 듣거나 행동하는 것을 볼 때 뇌에서 그와 연상된 사고가 떠오르고 새로운 아이디어를 떠올릴 수 있게 되는데, 이것을 행동유도성이라고 한다. 예능 프로그램에서 옆 사람이 하는 우스갯소리를 듣고 더 재미있는 이야기를 하거나, 회의 시간에 다른 사람의 이야기를 듣고 더욱 발전된 아이디어를 떠올리는 것 등이 행동유도성에 해당한다.

우리는 거울뉴런 때문에 다른 사람이 하는 행동을 무의식적으로 따라 하게 되는데, 행동유도성은 거울뉴런의 기능을 단순히 관찰하거나 흉내 내는 것 이상으로 확장시킨다. 즉 거울뉴런이 다른 사람이 하는 말이나 행동을 보고 그 정보를 전두엽으로 보내면, 전두엽은 그 정보들을 이용해 미래에 어떤 결과를 가져올 것인지 예측한다. 여러 사람들이 머리를 맞대고 토론하다 보면 사고의 상승 작용으로 더욱 좋은 아이디어를 떠올릴 수 있게 된다. 이것이 문제 해결 과정에서 나타나는 뇌의 특성이다.

우리가 해결해야 할 문제가 있을 때 혼자 고민하는 것보다 여러 사람이 힘을 합치면 더욱 좋은 아이디어를 떠올릴 수 있는 것도 바로 이 때문이다. 사고의 질이나 판단의 질 측면에서도 혼자 일하는 것보다는 누군가와 함께 일하는 것이 더욱 바람직하다고 할 수 있다. 성공한 사람들이 스스로 문제를 해결하기보다 재능 있는 사람들을 주위에 두고 지렛대처럼 활용하는 이유도 이 때문이다.

독불장군처럼 모든 문제를 혼자 힘으로 해결하려고 하지 말자. 세상이 복잡해지면서 맞닥뜨릴 문제의 유형도 점점 융합화되고 복합화된다. 하나의 분야만 잘 알고 있어도 해결할 수 있었던 문제들이 점점 더 여러 분야와 얽히고설키면서 복잡해지고 있다. 하나의 문제를 해결하기 위해서 때로 여러 분야의 전문지식이 필요하다 보니, 과거에는 잘 통했던 문제 해결 방법이 더 이상 통하지 않는 경우도 많아졌다. 혼자서는 해결할 수 없는 문제들이 더욱 많아지는 셈이다.

성공적으로 삶을 살아가기 위해서는 분야를 가리지 않고 다양한 사람들을 만나고, 그들과 좋은 인간관계를 맺는 것이 도움이 된다. 행동유도성을 통해 그들로부터 더욱 발전된 아이디어를 얻고, 지렛대 효과를 통해 적은 힘을 들이고도 큰 성과를 얻을 수 있기 때문이다.

공감능력은 인적 지렛대를 만들어내는 훌륭한 자산

말(言)에 무게가 있을까? 보이지도 않고 만져지지도 않는 말에 무슨 무게가 있냐고 생각할 수도 있을 것이다. 그러나 말에는 분명 무게가 있다. 말 한마디가 사람을 살리기도 하고, 죽이기도 한다. 말 한마디로 천 냥이나 되는 많은 빚을 갚는가 하면, 말 한마디 잘못해서 구설에 오르고 일터에서 쫓겨나기도 한다. 옛말에 "남아일언 중천금"이라는 말이 있다. 사람의 말 한마디는 천금처럼 무겁다는 뜻으로, 말이 갖는 무게가 얼마나 무거운지를 잘 보여준다.

 말 중에서도 약속은 특히 무겁다. 약속을 이루는 '약(約)'과 '속(束)' 두 글자 모두 '묶는다'는 뜻을 갖고 있다. 묶는다는 것은 구속하는 것, 속박하는 것을 말한다. 쉽사리 벗어날 수 없으며 반드시 지켜야 하고, 임의로 벗어나려고 해서도 안 된다는 것을 의미한다. 자신의 사정에 따라 지켜도 그만, 안 지켜도 그만으로 여길 것이 아니라 무슨 일이 있어도 반드시 지켜야 하는 절대적인 것으로 받아들여야 한다는 뜻이다.

우리가 자신이 한 약속을 반드시 지키려고 노력해야 하는 이유는 그것이 신뢰와 직결되어 있기 때문이다. 사람들 사이의 모든 거래는 신뢰를 바탕으로 한다. 부모와 자식, 형제간에도 서로에 대한 신뢰가 있고 없고에 따라 친밀도가 달라진다. 친구 사이에서도 마찬가지다. 서로 굳게 신뢰하는 사람들은 둘도 없는 친구가 되지만, 서로 신뢰하지 못하면 시간이 아무리 흘러도 친구가 되지 못한다. 직장상사와 부하직원, 동료, 사회에서 만나는 사람들 사이에도 신뢰는 관계 형성에 큰 영향을 미친다.

특히 금전과 이익이 오가는 비즈니스 관계에 있어서는 신뢰가 절대적인 영향을 미친다. 신뢰가 없으면 비즈니스 자체가 성립될 수 없다. 어렵사리 성사된다 해도 신뢰 없이는 오래갈 수가 없다. 직장에서도 신뢰가 높은 조직은 생산성이 높다. 업무만족도가 높으며 자발적으로 업무에 몰입하는 힘이 뛰어나고 이직률이 낮다. 조직 구성원들의 도덕적 신념이나 윤리의식도 뛰어나다. 이런 직원들이 많은 기업은 고객들로부터 높은 충성도를 끌어낼 수 있으며, 높은 매출과 이익을 누린다. 협상의 경우에도 신뢰를 바탕으로 하는 경우와 그렇지 않은 경우에는 결과에 큰 차이가 있다. 성공하는 사람들은 개인적인 측면에서도 다른 사람들로부터 높은 신뢰를 받는 사람들인데, 신뢰의 구축을 위해서는 약속을 잘 지키는 것이 기반이 되어야 한다.

사람은 이성적인 존재라고 하지만, 상당 부분 감정의 지배를 받는다. 누군가에게 호감을 느끼거나 누군가 이상하게 싫은 것도 감정 때문이다. 약속을 잘 지키면 상대방은 나에 대해 호감을 느끼고, 자신의 감정은행에 나에 대한 크레딧을 확보한다. 나의 개인 신용에 대한 신뢰라고 할 수 있다. 이를 '이디어싱크러시 크레딧(Idiosyncrasy credit)'이라고 하는데, 상호 간에 이것이 높아질수록 관계 호르몬인 옥시토신 분비가 원활해지면서 두 사람 사이의 신뢰가 깊어질 수 있다.

우리 뇌에는 두 가지 독특한 신경학적 특징이 있는데, 하나는 '마음 이론'이고, 다른 하나는 '공감'이다. 인간의 뇌에는 타인의 입장에서 생각할 수 있도록 도와주는 부위가 있다. 뇌의 가장 바깥쪽 부위인 대뇌피질이 관여하는데, 누군가의 행동을 보면서 '내가 저 사람이라면 이렇게 생각했을 거야'라고 생각하게 한다. 예를 들어, 어떤 방에 두 사람이 있다고 해보자. 그들 앞에 두 개의 바구니가 있는데, 한 사람이 왼쪽 바구니에 사과를 넣었다. 한 사람이 잠시 방 밖으로 나간 사이 다른 사람이 사과를 오른쪽 바구니로 옮겨 넣었다고 해보자. 잠시 밖에 나갔던 사람은 방 안에 있던 사람이 사과를 옮긴 사실을 모르니 그 사람이 사과를 찾으려면 왼쪽 바구니부터 볼 것이라고 생각해야 한다. 이렇게 어떤 사람의 상황에 맞추어 그 사람의 마음과 동일하게 사고할 수 있는 것이 마음 이론이다. 이로 인해 우리는 타인의 행동을 예측하고 그에 맞춰 우리 마음을 조정한다.

공감 능력은 다른 사람의 감정 상태를 나 역시 똑같이 느끼는 것인데, 옥시토신이 분비될 때 더욱 강화된다. 인간의 전두엽에는 그 어떤 동물보다 많은 옥시토신 수용체가 밀집돼 있는데, 이로 인해 타인의 감정을 이해할 수 있다. 옥시토신은 모르는 사람과 함께 있을 때 불안감을 감소시키는 역할을 한다. 나아가 모르는 사람을 돕고 협력하도록 만든다. 타인과 협업하고 유대관계를 맺으면 기분이 좋아지는 이유도 도파민 분비 때문이다. 옥시토신은 도파민의 분비를 돕고, 누군가와 협력하면 기분이 좋아지는 경험을 하도록 만든다.

우리는 마음 이론과 공감 능력을 통해 다른 사람의 입장을 이해하고 그 감정을 느끼며 신뢰를 쌓아간다. 상대방도 마찬가지다. 옥시도신과 도파민 분비는 늘어나고 양측 모두 협업을 기분 좋은 경험으로 받아들일 수 있게 되면, 신뢰가 점점 더 깊어져 비즈니스도 좋은 결과를 얻게 된다. 이렇게 옥시토신과 도파민 분비를 돕는 신뢰는 작은 약속을 지키는 것으로부터 출발할 수 있다. 작은 약속들이 쌓여 그로부터 굳은 신뢰가 다져지면 상대방에 대한 공감과 이해도 깊어지게 된다.

가끔 성공한 사람들이 신뢰를 잃고 지탄의 대상이 되는 것을 볼 수 있다. 아마 과도한 테스토스테론 때문일 것이다. 성공해서 높은 자리에 오르면 남성 호르몬이라고 알려진 테스토스테론 분비가 늘어나는데, 이 호르몬의 분비가 늘어나면 자신감이 넘쳐 거침없이 행동하게 된다. 그런데 이 호르몬이 너무 많이 분비되면 공감 능력이 현저히 줄어든다. 자신이 누리는 권리를 당연하게 여겨 겸손하지 못한 태도가 자리 잡고, 상대방의 입장에서 헤아리지 못하게 된다. 테스토스테론이 옥시토신의 분비를 억제하기 때문에 협력하거나 도움을 주고받기보다는 독불장군처럼 혼자 모든 일을 처리하려는 경향이 두드러진다.

게다가 테스토스테론은 공격적이고 쉽게 화를 내게 만들며, 자기 능력을 과장되게 보이도록 한다. 이런 사람들을 보면 사람들은 그에게 호감을 갖지 못하며, 그를 신뢰하지 못한다. 때로 성공한 사람들이 "변했다"라는 말을 듣는 이유도 어쩌면 이 때문일지도 모른다.

신뢰는 기본적으로 타인의 협조를 끌어내고 지렛대를 효율적으로 활용할 수 있게 해주는 가장 큰 자산이다. 그리고 그 자산은 말의 무게를 알고 함부로 쓰지 않는 것, 작은 약속이라도 허투루 여기지 않고 잘 지키려는 마음으로부터 비롯된다.

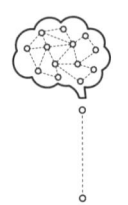

인간은
이성적 존재인가?

칸트가 "인간은 이성적인 존재"라고 규정한 이래로 그 말은 의심의 여지없이 인간의 위대함과 우월함을 나타내는 의미로 통용되어 왔다. 여기에는 인간처럼 논리적이고 분석적이며 체계적인 사고를 할 수 있는 존재가 없다는 점이 전제되어 있다. 자연에 존재하는 생명체 중 인간이 압도적으로 탁월한 존재라는 신념과 감정에 휩쓸리지 않고 합리적인 선택을 할 수 있는 존재라는 자부심도 담겨 있다.

그런데 인간의 사고는 정말 완벽한 것일까? 우리는 태어나서 죽을 때까지 수없이 많은 사고를 하고 의사결정을 내리지만, 이성적인 존재라는 대명제와는 달리 종종 이성적이지 않은 사고와 판단을 할 때가 많다. 물론 인간이 그 어떤 동물과 비교할 수 없을 정도로 뛰어난 사고와 판단 능력을 갖추고 있음에는 의심할 여지가 없다. 하지만 때로는 전혀 납득이 가지 않는 의사결정을 할 때도 있고, 또 때로 누가 봐도 잘못됐음이 분명한 판단을 내릴 때가 있다. 그렇다면 인간은 이성적 사고를 지녔다고 자부하면서 왜 그런 선택을 하는 것일까?

인간이 의사결정을 내릴 때 많은 사람은 객관적인 정보나 사실에 근거해 체계적인 분석과 추론을 거친 다음 타당하고 설득력 있는 결론을 내린다고 생각한다. 이를 합리적인 의사결정이라고 일컫는다. 누군가 "넌 왜 그렇게 불합리하니?"라거나 "넌 왜 그렇게 비이성적이야?"라고 하면 대다수는 불쾌하게 생각할 정도로 자신의 사고와 판단에 대해 확고한 믿음을 가지고 있다.

하지만 인간의 사고와 판단은 결코 100% 이성적이거나 합리적일 수 없다. 그 이유로는 여러 가지가 있다. 우선 '객관적인 정보나 사실'에 근거해서 사고해야 하지만, 무엇이 객관적이고 무엇이 사실인지 알기 힘들 때가 있다. 게다가 합리적 의사결정의 전제조건은 모든 정보를 분석하는 것인데, 필요한 정보를 모두 얻기 어렵다. 시간과 비용 등 자원의 한계가 따른다. 긴 시간과 비용을 들여 자료를 수집하고 분석할 수 있다면 의사결정의 질이 올라갈 테지만, 대부분은 자원의 제약을 받는다. 설사 조건이 다

갖추어지더라도 모든 대안을 찾을 수 없고, 각각의 대안에 대해 어느 것이 더 좋고 나쁜지 비교하며 평가할 기준이 없다. 이렇듯 합리적인 의사결정은 제약이 많아서 불가능에 가깝다.

　게다가 중요한 결정을 내려야 할 때 감정을 배제하고 이성적으로 생각하려 하지만, 의사결정에 감정이 개입되는 경우가 매우 많다. 세계적인 신경과학자인 안토니오 다마지오 박사에 따르면, 기분 좋은 감정이나 부정적인 감정이 신체에 미세한 화학적 변화를 불러일으킨다고 한다. 이를 '신체적 표지'라고 하는데, 이에 따라 자신도 모르는 사이에 감정의 지배를 받게 된다. 감정이 무의식에 영향을 미쳐 나쁜 일은 '싫은' 느낌이 들어 멀리하도록 만들고, 좋은 일은 '호감'을 느끼도록 만들어 선택에 영향을 미친다는 것이다.

　이러한 감정이 발달하면 '직감'으로 연결되기도 한다. 직감은 때때로 의사결정에 있어 분석적인 사고보다 더 올바른 결정을 내리도록 만들기도 한다. 노벨상 수상자 중 상당수가 분석적 사고보다는 직감에 의해 문제를 해결했다는 조사결과가 많다. 물론 직감이 질 높은 의사결정을 이끌려면 충분한 지식과 경험, 통찰력이 전제되어야 한다.

　점심시간에 메뉴를 결정하거나 옷을 고르는 일 등은 모두 감정적 선택이다. 배우자의 선택과 같은 중대사에도 감정이 개입한다. 이처럼 살아가면서 내리는 의사결정 중 상당수가 감정에 따르는 것들이다. 따라서 정서적으로 감정을 느끼기 힘든 사람은 의사결정의 수준도 떨어진다. 실제로 전두엽의 기능이 떨어지거나 감정을 경험하는 두뇌 부위의 활성도가 떨어지는 사람들은 의사결정에 어려움을 겪는다.

인간의 두뇌가 가진 고유의 특성으로 인해 벌어지는 인지 편향 역시 의사결정에 크나큰 영향을 미친다. 인간의 두뇌는 모두 다르다. 두뇌 구조, 신경회로, 신경 활동이 제각각 다르다. 기본적으로 타고난 유전자가 다른 데다가 성장환경, 교육, 경험, 교류하는 사람 등 사고 체계를 완성해나가는 과정에서 영향받을 수 있는 주변 요인들도 모두 다르다. 그러다 보니 모든 사람의 지문이 다르듯 두뇌도 다를 수밖에 없는데, 이런 이유로 중립적이거나 합리적으로 생각하지 못하고 어느 한쪽으로 쏠릴 수밖에 없다. 이것이 인지 편향이다.

세상에는 150여 가지의 인지 편향이 존재하며, 사람에 따라서 적게는 30%에서 많게는 70%까지 인지 편향에 빠진다고 한다. 인지 편향은 정보를 받아들이는 시점부터 중립적 태도를 갖지 못하고, 자신에게 유리한 쪽으로 사고를 왜곡하도록 만든다. 나아가 의사결정 과정에서 합리성을 심각하게 왜곡하고, 올바르지 않은 판단을 내리게 만든다.

몇 가지 인지 편향의 사례를 살펴보자. 취업이 쉽지 않은 요즘, 면접에서 채용될 가능성이 가장 높은 사람은 똑똑하고 말 잘하는 사람이 아니라 첫인상이 좋은 사람이다. 온라인 채용업체인 잡코리아의 조사 결과에 따르면, 기업의 인사담당자 중 80%가 첫인상이 좋은 사람을 채용한다고 한다. 이렇게 처음의 정보나 인상으로 모든 것을 평가하는 인지 편향을 '초두 효과'라고 한다.

반면 최근에 일어난 일로 전체를 평가하는 것을 '최신 효과'라고 한다. 1년 내내 일을 제대로 하지 않아서 별 실적도 없던 직원이 평가 시기가 가까워져 대박을 터뜨렸다고 하자. 그 직원은 1년 내내 일을 잘한 사람으로 평가받을 수도 있다. 반면 1년 내내 일을 잘했지만, 평가가 가까워진 시기에 큰 실수를 하면 1년 내내 일을 못한 사람으로 취급받기도 한다. 이렇듯 지난 일은 다 잊어버리고 최근 일어난 일만 기억하며, 그것으로 평가하려는 경향이 최신 효과다.

편견, 선입견, 고정관념도 인지 편향에 속한다. 직접 겪어보기 전에 예상하고 판단을 내리는 것인데, 이를 받아들여 개념으로 학습하는 두뇌 부위는 전두엽과 측두엽의 일부가 관여한다.

하나의 일을 잘하면 다른 일도 잘할 것이라고 믿는 '후광 효과'나 자신의 말은 무조건 맞다고 기를 쓰며 우기는 자기 과신도 인지 편향에 속한다. 갑자기 쓰고 있던 안경이 이유 없이 깨졌을 때

마침 누군가의 부고가 들려왔다면, 사람들은 '안경이 깨지면 불길한 일이 생긴다'는 규칙을 만들려고 하는데, 이런 성향도 인지 편향에 해당한다.

이렇듯 두뇌가 만들어내는 인지 편향은 작은 것에서부터 큰 것에 이르기까지 의사결정에 많은 영향을 미친다. 이 때문에 사고의 오류도 종종 나타난다. '모 아니면 도'라고 생각하는 극단적 사고방식, 하나의 일을 보고 전체가 그러리라 생각하는 일반화의 오류, 좋은 일은 운이 좋아서이지만 나쁜 일은 원래 그런 것이라 여기는 사고, 최악의 경우를 예상하는 섣부른 예측, 상대의 마음을 훤히 들여다보는 것 같이 말하는 태도, 현실에 대한 과대 혹은 과소평가, 누군가에 대한 부당한 꼬리표, 잘못된 기대 등의 사고 오류도 인지 편향만큼이나 많다.

그 누구도 이러한 인간의 한계를 벗어나지 못한다. 신경과학자들이 극빈 지역을 배경으로, 그리고 베벌리힐스처럼 아주 부유한 동네를 배경으로 한 소녀의 사진을 찍었다. 이 사진을 사람들에게 보여주면서 이 소녀가 공부를 잘할 것 같은지 묻자 가난한 지역을 배경으로 찍은 사진을 본 사람들은 소녀가 공부를 잘하지 못할 것이라고 대답했다. 반면 부유한 동네를 배경으로 찍은 사진을 본 사람들은 소녀가 공부를 잘할 것이라고 대답했다. 소녀의 미래를 묻는 말에도 가난한 지역을 배경으로 한 사진에는 소녀의 장래가 그리 밝지 못할 것이라는 전망을 내놓았지만, 부유한 동네를 배경으로 한 사진에는 많은 사람이 소녀의 미래가 아주 밝을 것이라고 판단했다. 사람들이 판단을 내린 근거는 오직 사진 한 장뿐이었지만 배경에 따라 의견은 극적으로 갈렸다.

다음과 같은 실험도 있다. 앙드레아 데쌍트 등은 법정에서 배심원들의 판결에 영향을 줄 수 있는 요인에 대해 실험을 진행했다. 160명의 참가자를 대상으로 여러 가지 유형의 가상 사건을 제시한 뒤 형량을 정하는 실험에서 매력적인 피고인은 매력적이지 못한 피고인보다 더 낮은 형량을 받았다. 동일한 사건에 대해 매력적인 피고는 9.7년의 형량을 받은 반면, 매력적이지 못한 피고는 무려 14.7년의 형량을 받았다. 또한 아프리카계 미국인 피고인은 유럽계 미국인 피고인보다 더 엄한 형량을 받았으며, 여성 피고인은 남성 피고인보다 훨씬 낮은 형량을 받았다.

이처럼 우리는 수많은 사고와 판단의 오류 속에서 살아간다. 누구나 이성적이고 합리적인 판단을 내리고 싶어 하지만, 인간의 사고는 절대 그렇지 못하다. 그렇지만 삶을 성공적으로 살아나가기 위해서는 그릇된 판단으로 인한 피해를 줄여야 한다. 판단의 오류가 적으면 적을수록 삶은 더욱 편안해질 수 있기 때문이다.

무엇보다 자신이 가지고 있는 능력에 대해 절대 틀릴 리 없다는 확신을 버려야 한다. 때로는 자신이 틀릴 수 있고, 자기 생각이 최선이 아닐 수 있다는 인지적 융통성을 가져야 한다. 그래야 다른 사람의 의견을 귀담아들을 수 있고, 자신의 잘못된 생각을 수정할 수 있는 유연함이 생긴다. 다양한 사고의 스펙트럼에서 나와 다른 생각을 가진 다른 사람들을 옳지 않다고 손가락질하고 배척하기보다는 그들의 말 속에서 되짚어볼 것은 없는지, 자신의 의견에 참고할 것은 없는지 너그럽게 받아들여야 한다. 많은 사람과 인적 교류를 해야 하는 이유도 그 때문이다. 혼자 판단하지 않고 주변 사람들의 의견에 귀를 기울이며 그들의 의견을 받아들이려는 열린 마음이 있어야 사고의 쏠림 현상을 막을 수 있다.

이때 조심해야 할 것도 있다. 골프를 치거나 야구를 하는 사람들에겐 익숙하겠지만, 전혀 예상치 못하게 '입스(yips)'가 올 수 있다. 순조롭게 잘 해오던 동작을 갑자기 못 하게 되며 호흡이 빨라지고 손에 가벼운 경련이 일어나는 증상인데, 분석적인 사고가 지나치면 이런 현상이 나타날 수 있다. 갑자기 어찌할 바를 모르고 어떤 결정을 내려야 할지 모르는 분석 마비 상태에 빠지게 되는데, 이를 '초킹(choking)'이라고 한다. '장고 끝에 악수 둔다'는 속담처럼, 지나치게 많은 생각이 오히려 방해가 될 수 있는 것이다. 그러니 뭐든 넘치지 않게 조절하는 능력이 중요하다.

인간의 두뇌 특성, 그리고 전체 집단과 어울려 살아가야 하는 특성 때문에 우리의 의사결정은 완벽하게 이성적이거나 합리적일 수 없다. 자신의 의사결정이 늘 옳을 수 없다는 것을 인식하며 주기적으로 자기 생각을 점검한다면, 사고와 판단의 오류를 어느 정도는 막을 수 있을 것이다.

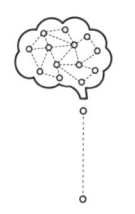

기분이 태도가
되지 않도록 하자

인간은 일부 영장류를 제외한 다른 동물들이 가지고 있지 않은 두뇌 부위를 가지고 있다. 대뇌피질 혹은 신피질이라는 불리며, 쭈글쭈글하게 주름이 잡힌 부위다. 이 부위 덕분에 이성적 사고가 가능한 것이다. 특히 이마 쪽에 자리 잡고 있는 전두엽은 이성을 주관하는 원천이자 이성적 사고에서 벗어나지 않도록 하는 통제실이라고 할 수 있다. '이성적'이란 본능이나 감정에 휘둘리지 않고 충동을 억제할 줄 아는 것을 말한다. 옳고 그름이나 일의 선후관계, 인과관계 등을 따져 가장 바람직하고 합리적이라고 생각하는 것을 선택하고, 그에 따라 행동하는 것을 일컫는다.

동물에게는 이성이 존재하지 않는다. 배고프면 먹고, 졸리면 자고, 부끄러움을 모른 채 아무 곳에서나 교미하는 등 본능에 따라 행동한다. '이 일을 하면 이런 결과가 나올 테니 하지 말아야겠다'라거나 '이 일을 하지 않으면 이런 문제가 생길 수 있으니 해야겠다'라며 자신의 행동을 조절할 줄 모른다. 오직 인간만이 이성적으로 사고하고 결과를 예측해 합리적으로 판단하고 행동한다. 인간에게 이성을 빼면 본능만 남아 짐승과 다를 바 없는데, 뒤집어 말하면 인간답게 행동하기 위해서는 감정 혹은 본능에 따라 행동해서는 안 된다는 것을 의미한다.

사람의 감정은 어디에서 오는 걸까? 감정에 영향을 미치는 요소는 무척 많지만 그중 하나가 몸속에서 분비되는 호르몬이다. 감정이란 신경시스템과 관련된 마음의 상태로 생각, 즐거움, 불쾌함의 정도와 이와 관련된 다양한 화학적 변화에 의해 만들어진다. 여기에서 화학적 변화를 일으키는 것이 신경전달물질 혹은 호르몬이다. 투명한 물에 파란색 물감을 타면 파란색으로 물들고, 빨간색 물감을 타면 빨간색으로 변하는 것처럼 사람의 감정은 뇌나 몸에서 분비되는 화학물질에 의해 달라질 수 있다. 도파민, 세로토닌, 아세틸콜린 등이 적절히 분비되면 상쾌하며 쾌활하고 기분 좋은 감정을 느낄 수 있지만, 이런 것들이 부족하면 침울해지거나 우울감을 느끼며 기분이 처질 수 있다.

관계 호르몬이라고 알려진 옥시토신 분비가 늘어나면 친절하고 사교적인 모습을 보이지만, 내집단이 아닌 외집단에 대해서는 배타적인 모습을 보이게 된다. 에피네프린이나 노르에피네프린은 긴장과 경계심을 갖게 만들지만, 한편으로는 각성효과를 높이고 도전적인 자세를 갖게 만들기도 한다. 이렇듯 하나의 신경전달물질이나 호르몬은 하나의 기능만 하는 것이 아니라 그로 인해 좋거나 나쁜 감정의 변화가 일어나도록 만들기도 한다.

특정한 두뇌 부위의 지나친 활성화 혹은 저활성화도 감정에 영향을 미친다. 시상하부나 뇌하수체 등 뇌 깊숙한 곳에 자리 잡고 있는 심층 변연계가 지나치게 활성화되어 있는 사람은 부정적인 사고가 많고 변덕이나 짜증이 심하다. 매사를 비관적으로 바라보고, 쉽게 동기부여가 되지 않는다. 사람들에게 관심이 크게 없어서 인간관계도 그리 좋지 못하다. 다른 사람이 하는 말을 왜곡해서 받아들이거나 색안경을 쓰고 바라보기도 한다.

편도체 부위가 과도하게 활성화되어 있는 사람도 이와 비슷한 경향을 보인다. 기저핵이 지나치게 활성화되어 있는 사람은 불안이나 긴장감, 두려움을 잘 느끼지만, 이 부위가 지나치게 저활성화되어 있는 사람은 눈치 없이 행동하기도 한다. 무언가를 할 때도 결과가 잘못될 것이라고 예단하는 경향이 나타난다. 한편, 대상회라는 부위가 이상이 있는 사람은 한 가지 일만 고집하거나 같은 생각에서 쉽게 벗어나지 못하고 강박적인 증세를 보인다.

과거의 잘못을 쉽게 잊지 못하고 복수심에 불타오르기도 하며, 만성적인 걱정을 안고 지내기도 한다.

두뇌 양쪽 측면에 자리 잡고 있는 측두엽에 이상이 생기면 감정적으로 불안정해지거나 신경질적이며 심하게 화를 내는 경향이 있다. 폭력적인 생각을 하는 경우가 많으며 공격적인 말로 욕구불만을 표현하기도 한다.

수면 부족도 감정에 영향을 미친다. 잠이 부족하면 신경이 예민해지고, 부정적인 감정이 커지며, 자칫 조울증과 같은 증상이 나타날 수 있다.

이렇듯 사람은 여러 가지 요인으로 인해 감정의 변화를 겪으며, 감정은 기분이 되어 겉으로 드러난다. 그날의 호르몬 변화, 두뇌 부위의 활성화 정도, 피로회복 정도 등 여러 가지 요인이 영향을 미치다 보니 사람에 따라서는 특별한 이유 없이 그날의 감정에 따라 기분이 달라지는 경우도 있다. 이를 '정서의 흐름'이라고 하는데, 별다른 일이 없어도 아침에 잠자리에서 눈을 뜬 순간 기분이 좋지 않다면 하루 종일 울적한 기분으로 지내며 주위 사람들에게 퉁명스럽게 대하기도 한다. 반대로 특별히 좋은 일이 없는데도 아침에 일어났을 때 기분이 좋다면 하루 종일 들뜬 기분으로 지낸다. 한마디로 기분이 태도가 되는 것이다. 이럴 땐 그날의 감정에 따라 사고와 행동이 달라질 수 있으며, 감정의 노예가 되어 말투와 행동에 감정이 고스란히 반영된다. 충동을 이기지 못하고 내면의 감정대로 행동하다 보면 어느 날은 기분이 좋아 들뜬 모습을 보이다가, 어느 날은 기분이 나빠 말 걸기도 무섭게 보이는 등 일관성이 없다. 감정이 '행동명령'을 일으키고 감정 주도적인 행동이 이어지는데, 이러한 모습은 주위 사람들에게 감정적 소모를 일으키게 만들어 정서적으로 큰 불편함을 준다.

학자들의 연구에 따르면, 사람들은 '감정적 전염(Emotional contagion)'을 통해 자신도 모르는 사이에 자신의 기분을 다른 사람에게 전한다고 한다. 울상을 하고 앉아 있는 사람을 보면 주위 사람들도 감정적 전염을 느껴 동일하게 우울감을 느끼고, 부정적인 기분에 쌓인 사람을 보면 주위 사람들도 왠지 모를 부정적 기분에 휩싸이게 된다고 한다. 인간은 즐거운 감정보다 부정적인 감정에 더 민감하게 반응하는데, 원시시대의 본능을 간직한 뇌가 자신의 생존을 보장받기 위해 곁에 있는 사람의 미세한 신호까지 읽어내는 능력을 갖추었기 때문이다. 즉, 주변인들에게서 오는 작은 잠재위협에도 아주 민감하게 반응하도록 발전해온 것이다.

한 연구 결과에 따르면, 같은 사무실에 속한 팀원들의 기분은 두 시간 안에 같아진다고 한다. 이 연구에서 70개의 서로 다른 업무 집단이 회의하는 동안 분위기를 관찰했는데, 동일한 집단에 속한 개개인의 기분이 모두 같아지는 현상을 감지했다고 한다.

감정에 지배당하면 인간관계도 나빠질 수밖에 없다. 어떤 날은 기분이 좋았다가 어떤 날은 기분이 바닥을 치는 감정적 기복이 잦아지면, 주위 사람들은 그 사람을 일관성 없는 사람으로 여기며 어떤 감정에 맞춰야 할지 몰라 감정적 소모를 느낄 수 있다. 때로는 자신이 감정 쓰레기통이 된 것 같아 자괴감을 느낄 수도 있다. 업무적으로 할 말이 있어도 기분이 좋지 않아 보이면 말을 꺼내기 힘들어 망설이거나 눈치를 보게 되고, 지나치게 기분 좋거나 흥분된 모습을 보면 그것 역시 감당하기 힘들어하게 된다. 이래저래 상대방의 기분에 맞추기가 어려워지니 피곤해지고, 되도록 그 사람과 상대하고 싶은 마음이 사라지게 된다. 결국 알게 모르게 주변 사람들이 그 사람을 피하고 가까이하지 않게 된다.

감정의 일관성을 유지하고, 올바른 사고와 판단을 지향하기 위해 자신의 감정을 지배할 줄 알아야 한다. 감정에 휘둘려 기분이 태도가 되지 않도록 자신을 통제할 수 있어야 한다. 비록 속으로는 화가 나더라도 겉으로는 평온함을 잃지 않아야 하고, 실제로는 기분이 좋지 않아도 웃음을 잃지 말아야 한다. 모든 감정을 솔직하게 드러내는 것만이 좋은 것은 아니다. 자기 삶을 스스로 통제할 수 있다는 믿음을 가지고 감정의 노예가 되지 않도록 노력하는 것이 더 중요하다. 인간은 이성이라는 힘을 가지고 있어 이를 충분히 활용할 수 있다. 전두엽의 힘을 최대한 활용해 감정적

동요가 일어나더라도 평온한 감정 상태를 유지하려고 노력하면 감정적으로 행동해 손해를 보는 일을 많이 줄일 수 있다.

감정의 지배를 받게 되면 이성의 뇌가 주도권을 놓쳐서 사고나 판단에도 영향을 미친다. 생각이 짧아지면서 실수가 잦아지고, 평온한 상태에서 하지 않을 잘못을 저지를 수 있다. 뭔가 짜증스러운 기분에 휩싸여 충분히 대안을 검토하지 못한 채 의사결정을 내리거나 불안한 마음에 안전한 대안만 선택할 수도 있다. 부정적인 감정뿐만 아니라 지나치게 흥분하거나 들뜨는 경우도 마찬가지다. 지나치게 흥분한 상태에서는 이성적이고 논리적으로 꼼꼼히 따져보지 못하고 기분에 휩싸여 평소라면 하지 않을 실수와 의사결정을 내릴 수 있다. 성공의 흥분에 들떠 실행한 M&A에서는 비용을 훨씬 많이 지불한다는 연구 결과도 있다. 중요한 일을 할 때일수록 감정으로 그릇된 판단을 내리지 않도록 스스로 억제하고 통제할 수 있는 역량을 키워야 한다.

물론 감정이라고 해서 모두 나쁜 것은 아니다. 감정의 뇌와 이성의 뇌는 신경다발로 연결되어 있어서 신경신호를 주고받으며 서로 균형을 맞춘다. 감정의 뇌는 이성의 뇌에 조언을 하기도 하고, 과거 경험을 고려해 판단하도록 한다. 여러 가지 대안 중 하나를 선택해야 할 때 과거에 했던 선택의 결과를 바탕으로 좋은 것과 나쁜 것이라는 꼬리표를 달아 일을 처리한다. 긍정적인 느낌과 연결되면 좋은 선택이 되고, 부정적인 느낌은 나쁜 선택을 피하도록 만들어주는 것이다. 이러한 꼬리표는 직감을 만들어내기도 한다.

그러나 감정의 노예가 되어 늘 감정에 지배를 받게 되면 올바른 일 처리보다는 잘못된 결과를 낳을 확률이 높아진다.

제4장

좋은 생활습관이
뇌를 바꾼다

KNOWING YOUR BRAIN CHANGES YOUR LIFE

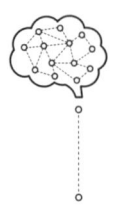

두뇌를 마사지하는
독서의 힘

세계적인 부호인 빌 게이츠는 매년 50권이 넘는 책을 읽는다고 한다. 바쁜 와중에도 1주일에 한 권의 책은 반드시 읽으려고 노력하고, 1년에 한 번씩 독서주간을 갖는다고 한다. 이때는 일주일간 독립된 공간에 들어가 읽고 싶었던 책을 마음껏 읽는데, 수행비서 외에는 그 어떤 사람도 출입할 수 없다고 한다. 그는 독서를 통해 공학 이외의 다른 분야에 대한 지식과 지혜를 얻는다.

테슬라의 CEO 일론 머스크 역시 지독한 독서광인데, 공상과학 소설과 과학 분야의 책을 즐겨 읽는다고 한다. 그는 9살 때 백과사전을 수없이 반복해서 읽었으며, 하루에 10시간 이상 책을 읽기도 했다고 한다. 그는 대부분의 지식을 책에서 얻는다고 하는데, 그가 떠올리는 기발한 상상과 독특한 아이디어는 독서의 산물이다.

투자의 귀재인 워런 버핏도 독서광으로 유명하다. 그는 책도 많이 읽지만, 특히 신문을 많이 읽는다. 적어도 5가지 이상의 신문을 매일 5시간 이상에 걸쳐 읽는다고 한다. 그렇게 신문과 책을 통해 얻은 정보를 바탕으로 시장의 흐름을 파악하고, 정확한 투자의 맥을 짚어나가는 것이 그의 성공 비결 중 하나다.

노벨화학상을 수상한 독일의 과학자 프리드리히 오스트발트의 연구에 따르면, 성공한 사람들의 공통점 중 하나가 긍정적 사고와 많은 독서량이라고 한다. 이렇듯 성공한 사람들이 책을 많이 읽는 이유는 성공에 이르기 위한 지식과 지혜를 얻기 위한 목적도 있지만, 독서를 통해 두뇌를 더욱 활성화시키고 발달시키기 위해서다. 두뇌의 발달은 질 좋은 사고와 판단, 그리고 통찰력과 혜안으로 이어지게 된다.

독서는 이 세상에 존재하는 그 어떤 방법보다 두뇌를 고르게 발달시키고, 신경회로의 연결을 단단하게 만들어주는 수단이다. 무엇보다 두뇌의 전 영역을 고르게 활성화시킨다. 책을 읽는 것만으로도 마치 마사지를 하듯 두뇌를 고르게 활성화시킬 수 있는데, 워싱턴 대학 의과대학 연구팀에 따르면, 책을 읽을 때는 뇌의 17개 영역이 관여한다고 한다. 글을 읽기 위해 시각 정보를 담당하는 후두엽이 활성화되는데, 이 영역의 활동이 활발할수록 시각적 자극이 강해져서 상상력과 창의력이 높아진다. 더불어 의사결정 수준도 높아질 수 있다.

정수리 부근에 해당되는 두정엽은 글씨를 단어로 변환하고, 그것을 다시 사고로 전환하는 역할을 담당한다. 책을 많이 읽을수록 논리적 사고와 글쓰기 실력이 향상된다. 또한 독서는 귀 부근에 자리 잡고 있는 측두엽과 연계되어 정보 저장 능력을 높여주고, 언어에 대한 이해력이 향상되도록 돕는다. 사람의 사고 수준은 그 사람이 이해하고 있는 언어 수준에 의해 좌우된다. 추상적이고 어려운 단어를 모르는 사람은 그러한 단어가 의미하는 것들을 자신의 사고영역에 포함시킬 수 없다.

독일의 철학자 파스칼 메르시어(페터 비에리)가 쓴 책 《삶의 격》에 이런 문장이 나온다. '권리는 전횡에 의한 예속을 막아주는 방패제.' 만약 '전횡'이나 '예속'과 같은 단어를 모른다면, 비록 짧은 문장이지만 이 문장을 온전히 이해할 수가 없다. 요즘 '우천 시', '명일', '금일'과 같은 단어의 의미를 몰라 갈등이 생겼다는 소식이 뉴스에 심심찮게 들린다. 이에 대해 문해력 부족 때문이라는 분석이 많은데, 독서만 충분히 잘해도 사고력과 이해력을 동시에 높일 수 있다.

또한 독서는 상상력을 북돋아줌으로써 두뇌의 다른 부위도 활성화한다. 책에서 감각과 관련된 단어, 즉 '부드럽다', '뜨겁다', '따끔하다'와 같은 단어를 보면 마치 실제로 감각을 느끼듯 두정엽의 체감각부위가 활성화된다. '계피냄새', '꽃냄새', '커피가 볶아지는 냄새'와 같은 단어를 읽으면, 냄새를 감지하는 후각 영역이 활성화된다. '때리다', '달리다', '던지다'와 같이 동작을 연상시키는 단어를 읽을 때면 전두엽의 운동 영역이 활성화된다. 책을 읽는 동안 시각은 물론 촉각, 후각, 운동감각 등 온갖 감각 영역들이 깨어나 반응함으로써 뇌가 더욱 활성화되는 것이다.

인지심리학자 키스 오틀리에 의하면, 독서는 책 속의 상황을 컴퓨터 시뮬레이션처럼 뇌가 상상하도록 만들어준다고 한다. 이러한 두뇌의 활동들이 상상력과 창의력을 향상시키는데, 남들이 생각하지 못하는 것을 떠올리게 함으로써 특별한 성과를 거둘 수 있게 해주기도 한다. 책에 등장하는 수많은 비유와 은유적 표현들은 뇌의 다양한 부위를 자극해 신경세포의 연결을 더욱 강화하고, 두뇌 기능을 향상시켜준다. 《해리포터》나 《반지의 제왕》과 같은 판타지 소설을 읽을 때를 생각해보자. 책 속에 등장하는 배경을 이해하기 위해 머릿속으로 그림을 그려보곤 하는데, 이런 것들이 상상력을 자극해 창의력을 북돋아주는 것이다.

인생을 성공적으로 살았다고 평가받을 때 많이 꼽는 요소 중 하나는 인간관계일 것이다. 독서는 사회성 측면에서도 이로움을 제공한다. 먼저 독서를 하게 되면 타인에 대한 공감 능력이 높아져 관계 향상에 도움이 된다. 공감 능력은 EQ와도 연계되는데, 감성지수가 높은 사람들의 성과가 뛰어나다는 것은 이미 잘 알려져 있다. 특히 소설과 같은 픽션 작품을 자주 읽으면, 타인의 입장을 이해하는 능력이 높아진다.

책을 읽으면 왼쪽 측두엽 부위에 변화가 나타나는데, 이곳은 언어의 습득 및 일차적인 감각과 관련되어 있다. 이 영역의 신경세포는 실제로 일어나지 않은 일임에도 불구하고 실제 일어난 것처럼 생각하도록 만드는 '체화된 인지(Embodied cognition)'와 관련이 있다. 소설을 읽는 동안 독자가 마치 소설 속 주인공이 된 것처럼 느끼게 되는데, 이는 다른 사람의 마음을 이해할 수 있는 '마음 이론' 역량을 향상시킨다. 실제로 소설을 많이 읽는 사람들은 다른 사람을 이해하는 능력이 뛰어나며, 공감 능력이나 다른 사람의 관점에서 세상을 보는 능력도 탁월하다고 한다.

한 사람의 인간관계는 그 사람이 구사하는 언어 수준에 따라 달라질 수도 있다. 자기 생각을 분명하게 말이나 글로 표현하지 못하는 사람들은 주위 사람들로부터 오해를 받거나 따돌림을 당할 수 있다. 품위 있는 말을 쓰는 사람과 거친 말을 쓰는 사람은 어울리는 집단도 달라지게 된다. 또한 언어는 자신의 행동을 내적으로 통제하는 수단이기도 하고, 반응을 지연하는 기제가 되기도 하기 때문에 사회적인 관계 형성을 촉진할 수도 있다. 누군가에게 기분이 나쁘면 바로 화를 내거나 폭력을 쓰기 전에 말로 충분히 조리 있게 설명함으로써 자신의 행동을 자제할 수 있다. 누군가가 하는 행동이 마음에 들지 않을 때 곧이곧대로 말하는 것보다 비유나 풍자를 통해 우회적으로 표현하는 방법을 선택할 수도 있다. 상대가 기분 나쁘지 않게 설득할 수 있는 것이다.

프랑스 철학자 르네 데카르트는 "좋은 책을 읽는다는 것은 지난 몇 세기를 걸쳐 가장 훌륭한 사람들과 대화를 나누는 것과 같다"고 했다. 한 권의 책에는 저자가 평생을 걸쳐 습득한 전문 분야의 지식과 노하우, 자신만의 철학과 통찰력이 담겨 있다. 또한 책에는 저자의 혼과 지혜가 담겨 있다. 책을 읽는 것은 저자가 공들여 가꾸어 놓은 숲속을 거닐며 맛있게 익은 탐스러운 과실을 따 먹는 것과 같다. 저자의 지식과 노하우를 가장 저렴하고 편리하게 내 것으로 만드는 가장 좋은 방법이기도 하다.

책을 많이 읽으면 지혜가 쌓이고 통찰력이 높아진다. 통찰력은 남들이 보지 못한 것을 앞서 보는 능력을 말하는데, 치열한 경쟁 사회에서 남들보다 앞서는 통찰력을 지닌다면 성공을 위한 도구를 지니는 것과 같다. 이렇듯 두뇌의 지속적인 자극을 통해 현재의 상태보다 더욱 나은 상태로 만들어줄 수 있는 것이 바로 독서의 힘이다.

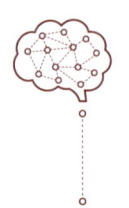

운동은
두뇌를 맑게 해준다

 미국의 경제분석가 토마스 콜리가 5년에 걸쳐 233명의 부자와 128명의 가난한 사람을 대상으로 조사한 내용에 따르면, 부자들의 76%는 매일 30분 이상을 운동에 투자했다고 한다. 반면 가난한 사람들은 87%가 운동을 하지 않았다고 한다. 운동은 부자들의 성공 습관 중 하나인 셈이다.
 왜 운동이 성공과 밀접한 관련이 있는 것일까? 성공하기 위해서 갖추어야 할 조건 중 하나는 올바른 사고와 의사결정이다. 잘못된 사고와 의사결정은 실패를 불러올 수 있어서 올바른 사고와 판단을 위해 맑은 정신이 필요하다. 운동은 몸을 건강하게 만드는 데 꼭 필요하지만, 건강한 정신을 유지하는 데도 필수다. 뇌가 존재하는 이유는 몸의 내부와 외부에서 주어지는 자극에 반응하기 위해서다. 즉 신체 내외부에서 주어지는 자극을 받아들이고, 이 자극에 적절한 반응을 하도록 우리 몸을 제어하는 것이 뇌의 주요한 기능이다. 만일 자극이 없으면 뇌는 존재할 수 없는데 몸을 많이 움직일수록 뇌에 가해지는 자극이 많아지고 혈류가 빨라져 신선한 산소가 공급되면서 뇌가 활성화된다. 뇌가 활성화되면 뇌의 건강 상태가 좋아지는 것은 당연한 결과다.

무엇보다 운동은 뇌의 인지 능력을 향상시켜준다. 호주의 애들레이드 대학교 연구진은 20대 후반에서 30대 초반 남녀에게 운동을 하도록 하고, 15분 간격으로 두뇌의 변화를 체크했다. 그 결과 15분이 지나면서부터 뇌의 가소성이 좋아지고, 기억력과 신체 조절 능력 역시 좋아졌다고 한다. 연구 결과에 따르면 하루 30분 이상 달리기나 수영 같은 유산소 운동을 하면 기억력, 문제 해결 능력, 집중력, 언어 능력 등이 두루 향상된다고 한다. 빠른 추론 능력을 요하는 유동성 지능 과제나 새로운 문제를 해결하기 위해서 이미 학습한 내용을 토대로 임기응변하는 능력도 향상시키는 것이다.

또한 뇌에서 배출되는 신경전달물질에도 영향을 미쳐 정서적으로 안정을 이루도록 돕는다. 첫째, 엔도르핀의 분비가 늘어난다. 엔도르핀은 행복감을 느끼게 해주는 호르몬이기 때문에 분비가 늘어나면 무언가를 배우는 데 알맞은 정서 상태가 된다. 둘째, 아세틸콜린의 분비가 촉진된다. 이 신경전달물질은 기존의 정보를 불러내어 활용하거나 새로운 정보를 기억하는 데 중요한 역할을 한다.

셋째, 세로토닌의 분비가 촉진된다. 세로토닌은 각성 상태를 높여주거나 정서적으로 쾌활하고 명랑한 상태를 만들어줄 뿐만 아니라 신체 활력을 높여주기도 한다. 만일 세로토닌이 부족해지면 우울해지거나 무기력해질 수 있고, 두뇌의 CEO라고 불리는 전두엽의 기능이 저하될 수 있다. 사고의 유연성이 떨어지면서 깊이 있는 사고나 합리적이고 논리적인 사고가 어려워지며, 결과적으로 판단력과 집중력 등이 저하될 수밖에 없다. 세로토닌은 작업기억이나 메타인지와도 밀접한 관련이 있는데, 이는 유동성 지능과 관련이 있어 문제 해결력이나 응용력을 높여준다. 따라서 세로토닌이 부족하면 문제 해결력도 떨어질 수밖에 없다.

넷째, 운동은 도파민의 분비도 촉진한다. 전두엽에서 기분을 좋게 만들어주는 도파민 수용체가 활성화되면서 집중력이 높아지고 만족감과 성취감 등을 느낄 수 있다. 주의력과 판단력이 좋아질 수 있는 것이다.

다섯째, 노르에피네프린의 분비가 늘어난다. 이 신경전달물질은 긴장 상태에서 분비되는 교감신경계 물질인데 심장 박동을 빠르게 만들고, 폐를 열어 더욱 많은 산소를 받아들일 수 있게 해준다. 뇌가 주위 정보를 잘 받아들이고, 긴장을 풀지 않은 각성 상태를 유지하게 만들어준다. 또한 뇌가 더욱 빨리 일을 할 수 있게 도와주고, 기분을 북돋아주며 집중이 잘되도록 만들어준다.

도파민, 노르에피네프린, 아세틸콜린은 '최고의 성과 DNA'로 불린다. 이 신경전달물질들의 분비가 늘어나면 맑은 정신 상태를 오래도록 유지할 수 있고 사고력, 주의력, 판단력 등이 높아져 합리적이고 올바른 의사결정을 내릴 가능성이 높아진다.

운동은 생산성이나 정서에도 영향을 미친다. 영국 리즈메트로폴리탄 대학교 연구팀이 한 기업에서 운동하는 직원들과 운동하지 않는 직원들의 생산성을 비교해본 결과 운동하는 직원들의 생산성이 훨씬 높았다고 한다. 이들은 상대적으로 피로감을 덜 느꼈으며, 자신이 하는 일에 대해서도 긍정적으로 느끼고 있었다고 한다.

운동의 또 다른 장점은 스트레스 대응 능력을 높여준다는 것이다. 스트레스를 받으면 뇌 안에서는 스트레스 축이 가동되면서 코르티솔이라는 호르몬이 분비된다. 이는 신경회로의 사멸을 촉진하고, 기억과 학습에 관련이 있는 해마의 크기를 쪼그라들게 만든다. 물론 한 번의 스트레스만으로 이런 현상이 나타나는 것이 아니고 스트레스가 꾸준히 쌓여서 나타난다. 스트레스가 커지면 이성적이고 합리적인 사고를 담당하는 전두엽으로 가야 할 두뇌의 에너지가 감정의 뇌인 변연계로 집중되면서 맑고 명쾌한 사고를 하기 어렵게 된다. 이러한 이유로 두렵거나 공포심을 느낄 때 혹은 화가 많이 났을 때는 제대로 된 사고를 하지 못하거나 올바른 의사결정을 내리지 못한다. 그런데 운동을 하면 감정 조절 능력이 좋아지고, 스트레스에 대한 저항력이 높아진다. 스트레스를 받을 상황에서도 평정심을 유지하며 평소와 다름없이 안정된 정서 상태를 유지할 수 있다는 것이다.

운동은 불안감 해소에도 탁월한 효과를 발휘한다. 불안이나 두려움 등 부정적인 감정은 사고나 의사결정의 질에 깊은 영향을 미친다. 한 연구팀이 불안감을 자주 느끼지만 운동하지 않는 사람들을 모집한 뒤 이들을 두 그룹으로 나누었다. 한 그룹은 최대 심박수의 60~90% 수준을 유지하면서 러닝머신을 달리는데 2주 동안 여섯 번, 한 번에 20분씩 달리도록 했다. 다른 한 그룹은 심박수의 50% 수준으로 천천히 러닝머신을 걷도록 했다. 그렇게 2주가 지난 뒤 측정해 보니 양쪽 모두 불안 민감성이 줄어들었지만, 높은 강도로 운동한 그룹에서 효과가 더욱 크게 나타났다. 운동을 하게 되면 신체가 흥분하는 현상에 익숙해지고, 그것이 해로운 것이 아님을 체화하면서 불안에 대한 적응력이 높아지는 것이다. 부정적인 감정을 자주 느끼는 사람들은 운동을 통해서 그것을 어느 정도 해소할 수 있다.

  운동은 회복탄력성을 높여주기도 한다. 운동을 하면 신체의 혈류 대사가 빨라진다. 빨라진 혈류 대사는 뇌 성장을 촉진하는 영양제라고 할 수 있는 성장인자들을 방출하는데, 그중 하나가 앞서 언급한 BDNF다. 이 유전자가 많을수록 해마의 크기가 크고 회복탄력성이 높은데, 운동을 하면 BDNF 방출이 늘어나므로 결국 운동이 회복탄력성을 높이는 데도 관여하는 것이다.

  마지막으로 운동은 머리를 맑고 상쾌하게 만들어준다. 가끔 머릿속에 안개가 낀 것처럼 정신이 흐릿해서 제대로 사고할 수 없는 경우가 있는데, 이런 상태를 '브레인 포그'라고 한다. 브레인 포그는 지나치게 많은 음식의 섭취나 튀긴 음식, 밀가루 음식 등 좋지 않은 음식의 과다한 섭취로 인한 몸의 염증, 수면 부족 등이 원인일 수 있다. 이러한 브레인 포그가 발생하면 집중력이 떨어지고 피로감이나 우울증, 기억력 저하가 나타날 수 있다. 따라서 브레인 포그를 없애고 머리를 맑고 상쾌한 상태로 만들어야 하는데, 운동을 하면 몸속에서 만들어지는 노폐물이 신속하게 뇌 밖으로 배출되어 염증을 일으키지 않도록 만들고 신경세포의 사멸을 막을 수 있다. 호흡과 혈류가 빨라지기 때문에 노폐물을 두뇌 밖으로 배출하는 활동 역시 활발해진다. 이로 인해 맑고 건강한 두뇌 상태를 유지할 수 있다.

운동은 두뇌를 최적의 상태로 유지시켜주는 가장 좋은 수단이다. 성공한 사람들이 운동을 게을리하지 않는 이유는 바로 이 때문이다. 애플의 CEO 팀 쿡은 새벽 5시면 어김없이 운동을 시작한다고 한다. 왕젠린이나 리자청, 마크 저커버그 같은 성공한 사업가들도 마찬가지다. 귀찮고 힘들더라도 운동을 가까이하면 그만큼 성공에 가까워질 수 있다.

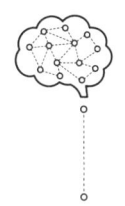

충분한 잠이
뇌의 활동을 극대화한다

하루에 네 시간만 잤다는 나폴레옹의 수면법은 유명하다. 에디슨이 등장했던 우리나라의 침대 광고에서는 '잠은 사치다'라는 카피까지 등장했었다. 지금은 잘 쓰지 않지만 과거에는 '4당 5락'이라는 말도 있었다. 큰 시험을 앞뒀을 때 5시간을 자면 떨어지고, 4시간만 자고 공부해야 합격한다는 뜻이다. 자기계발에서 빼놓을 수 없는 '미라클 모닝' 역시 아침 일찍 일어나 자기 자신을 위해 시간을 투자해야 성공한다는 점을 강조한다.

이처럼 성공을 위한 방법으로 자주 등장하는 것 중 하나가 수면 시간을 줄이는 것이다. 한마디로 잠을 많이 자는 사람은 게을러서 인생에서 실패할 가능성이 높지만, 잠을 적게 자는 사람은 부지런하니 성공할 가능성이 높다는 인식이 팽배한 것이다.

뇌과학이 발달하기 전까지 잠은 참으로 많은 오해를 받아온 신체활동이다. 잠을 자는 동안에는 생각할 수도, 좋은 아이디어를 떠올릴 수도, 성과를 만들어내는 생산적인 활동을 할 수도 없는 완전 멈춤 상태가 된다. 그러다보니 긴 수면 시간이 성공의 발목을 잡는다고들 이야기한다. 하지만 이것은 '열심히 노력하는 사람만이 성공할 수 있다'는 고전적 사고방식에 지배된 것이나 다름없다. 현대그룹의 정주영 회장은 4시간만 자면서 사업을 일궜다는 기사를 보고 이렇게 말했다.

"이거 봐요, 나는 기운이 센 사람인데 하루에 7~8시간 안 자면 일을 못해요. 앞으로 잠 조금만 자고 일한다는 놈 있으면 그놈은 분명 병자 아니면 사기꾼이니까, 그런 놈하고는 장사하면 큰일 나."

팀 쿡은 매일 새벽 3시 45분이면 잠자리에서 일어나 일과를 시작하지만, 저녁 8시 45분에는 잠자리에 들어 최소 7시간 정도 깊이 잔다고 한다. 마크 저커버그도 하루 8시간 정도 잠을 잔다고 알려져 있다. 이렇듯 다수의 성공한 사람들은 7~8시간 정도 숙면을 취한다. 이들의 공통점 중 하나는 누구보다 일찍 하루를 시작하는 것이다. 그러다 보니 잠을 적게 자는 것으로 오해를 받는 것일 뿐 실제로 잠을 자는 시간은 결코 적지 않다. 미라클 모닝 역시 아침에 일찍 일어나는 것을 강조한 것이지 잠을 적게 자는 것이 핵심은 아니다.

예로부터 잠은 게으름의 상징처럼 인식되어왔다. 하지만 잠은 생산적인 활동을 방해하는 것이 아니라 오히려 생산적인 활동을 돕는 수단이다. 잠을 자는 동안 우리는 어떤 변화를 겪을까?

첫째, 잠을 자는 동안 뇌는 깨어 있는 동안 축적된 아데노신이라는 피로물질을 제거해 싱싱한 상태로 재충전해준다. 깨어 있는 동안에는 지속적으로 뇌를 활용하며 인지활동을 하게 되는데, 이러한 활동은 베타 아밀로이드와 같은 노폐물을 만들어낸다. 이 노폐물들이 뇌 안에 쌓이면 뇌의 건강이 나빠지고, 심한 경우 치매와 같은 증상으로 이어질 수 있다. 그러나 잠을 자는 동안 뇌 안의 척수가 뇌 사이사이를 오가며 물청소를 함으로써 노폐물을 몸 밖으로 배출하도록 한다. 이를 통해 뇌가 다시 깨끗한 상태로 돌아올 수 있다.

하지만 잠을 적게 자면 뇌 안에 남아 있는 노폐물을 청소할 시간이 부족해지고, 미처 배출되지 못한 노폐물들이 시간이 갈수록 쌓여 뇌의 기능을 떨어뜨린다. 도시에서 배출된 각종 쓰레기가 방치된다면 오래지 않아 오물 천지가 되는 것처럼 뇌도 마찬가지다. 젊어서 잠을 아끼면 좋지 않은 노폐물들이 뇌에 쌓이므로 나이가 들어서 치매에 걸릴 확률이 높아질 수밖에 없다.

둘째, 잠은 깨어 있는 동안 받아들인 정보를 기억하고 장기 보관하며 이것들을 응용해 창의적으로 문제를 해결하는 데 결정적인 역할을 한다. 지식을 확장하고 지혜를 쌓는 수단이 잠인 것이다. 잠을 자기 위해 잠자리에 들면 렘수면이라고 부르는 얕은 수면 단계를 거쳐 비렘수면이라고 하는 깊은 잠의 단계로 빠져든다. 깊은 잠은 3~4단계로 구분되는데, 하룻밤에 얕은 잠과 깊은 잠이 5번 정도 반복된다. 얕은 잠에서 다시 얕은 잠으로 돌아오기까지 걸리는 시간을 수면의 한 사이클이라 하는데, 한 사이클은 보통 90분 정도 소요된다. 그러므로 5번의 사이클은 총 7시간 30분 정도 소요되는 셈이다.

그런데 잠은 왜 얕은 잠과 깊은 잠이 반복되는 것일까? 얕은 잠에서 시작해서 깊은 잠으로 계속 이어지다가 아침에 일어날 시간이 되면 얕은 잠으로 돌아오면 되는 것 아닐까? 그 이유는 얕은 잠과 깊은 잠이 각각 고유한 기능을 가지고 있기 때문이다.

우리가 깨어 있는 동안 무언가 정보를 받아들이고 학습하면, 그 내용은 해마라고 불리는 단기기억 창고에 저장된다. 해마는 단기적으로 보관이 필요한 정보를 기억하는 장소다. 이곳에 보관된 정보는 시간이 어느 정도 지나면 잊혀서 장기기억으로 남지 않는다. 용량도 적어 많은 정보를 보관하기 어렵다. 오랜 시간이 지나도 보관되는 장기기억이 되려면 해마에 있던 정보가 대뇌피질로 옮겨져야 하는데, 이 과정이 깊은 잠을 자는 동안 일어난다. 즉 깊은 잠을 자는 동안 뇌에서는 서파라고 하는 느린 파장(slow wave)이 발생하는데, 이 파장을 타고 해마에 있던 단기기억 정보들이 대뇌피질의 각 영역으로 이동한다. 어떤 정보가 어떤 부위로 이동할지는 정보의 성격에 따라 결정된다.

이렇게 대뇌피질로 이동된 정보들은 시간이 지나도 잊히지 않는 장기기억이 된다. 물론 대뇌피질로 간다고 해서 모든 정보가 장기기억이 되는 것은 아니지만 대뇌피질로 이송되지 않고서는 장기기억이 될 수 없다. 이 과정은 깊은 잠을 자는 동안 일어나므로 무언가 새로운 것을 배워서 자기 것으로 만들기 위해서는 반드시 깊은 잠을 자야 한다.

이렇게 대뇌피질로 전달된 정보들은 선별 과정을 거친다. 뇌는 꼼꼼하게 정보들을 살펴본 뒤 필요 없는 것들은 버리고, 보관해야 할 정보들은 보관한다. 정보를 좀 더 다듬고 가공하는 것이다. 이 과정에서 기존에 보관되어 있던 정보들과 연결하거나 새로 입력된 정보끼리 연결하면서 정보 간의 연관성을 발견하는데, 이러한 과정에서 창의적인 사고를 떠올릴 수 있게 된다.

이 과정은 두뇌를 좀 더 똑똑하게 활용할 수 있도록 만들어주는 것인데, 이것이 바로 얕은 잠의 단계인 렘수면에서 일어난다. 즉 얕은 잠은 깊은 잠을 통해 대뇌피질로 전달된 정보들을 가공하고 가꾸어서 보다 쓸모 있는 정보로 탈바꿈하고, 창의적으로 문제 해결을 하는 데 응용할 수 있도록 만들어준다. 그러므로 얕은 잠을 잘 잘수록 문제 해결력과 창의력이 높아진다.

잠을 소모적인 활동이라 여기면서 줄이면, 얕은 잠과 깊은 잠 모두 부족해질 수밖에 없다. 깊은 잠이 부족해지면 애써 학습하고 받아들인 정보들이 기억되지 않으며, 얕은 잠이 부족해지면 정보를 가지고 구슬을 꿰지 못해 창의적으로 활용하기 어렵다. 지식은 깊어지지 않고 통찰력도 늘지 않는 것이다. 잠을 적게 자는 것이 습관적으로 굳어지면, 뇌는 100만큼 역량을 발휘할 수 있음에도 불구하고 60이나 70 정도에서 낮은 수준으로 최적화된다. 자신의 역량을 더욱 발휘할 수 있음에도 불구하고 낮은 수준에서 최적화된 뇌를 자신의 최대치라고 믿게 되는 것이다.

셋째, 잠은 정서적 안정에 긍정적 영향을 미친다. 잠이 부족하면 부정적인 사고에 쉽게 빠져들거나, 심하면 조울증으로 발전할 수 있다. 신경과학자이자 수면전문가인 매슈 워커의 실험에 따르면, 밤새 잠을 못 잔 사람들은 그렇지 않은 사람들보다 편도체 활동이 60%나 증가했다. 공포, 불안, 두려움 등 부정적인 감정을 느끼는 편도체가 과도하게 활성화되면 매사 부정적으로 사고하거나 쉽게 흥분하고 짜증을 낼 수 있다.

전두엽과 편도체 사이에는 굵은 신경다발이 연결되어 있는데,

수면 부족은 이 신경 연결도 약화시킨다. 편도체에서 보내오는 수많은 부정적 신호는 전두엽을 통해 억눌려진다. 큰 협상을 앞두고 편도체에서는 끊임없이 초조하고 불안한 신호를 보내오지만, 전두엽은 '괜찮아. 충분히 많은 준비를 했으니 잘 해낼 거야'라고 하면서 그 불안을 억제한다. 전두엽과 편도체 간의 신경다발이 굵고 튼튼한 사람일수록 편도체가 보내오는 부정적인 감정을 쉽게 극복할 수 있다. 그런데 잠이 부족해 그 연결이 약해지면, 쉽사리 부정적인 감정에 사로잡히게 되는 것이다.

나아가 잠이 부족한 사람들은 편도체가 활성화되기도 하지만, 선조체 부위가 활성화되기도 한다. 이 부위는 기분 좋은 감정을 느끼게 하는 두뇌의 보상중추다. 이 부위가 활성화된다는 것은 즐거움을 느낀다는 것이다. 사소한 일에도 기분이 좋아질 수 있는데, 편도체와 선조체가 번갈아가며 활성화되면 우울한 기분과 좋은 기분 사이를 진자처럼 오갈 수 있다. 그렇게 되면 조증과 울증이 번갈아 나타나는 것이다. 이런 상태에서는 감정에너지가 쉽게 고갈되어 공격적이거나 신경질적인 반응을 나타내기 쉽다. 게다가 다른 사람의 얼굴에서 감정을 읽어내는 능력도 저하되어 공감 능력이 줄어든다. 정서적 불안정과 부족한 공감 능력은 결국 인간관계에 문제를 일으켜서 협업을 통해 성과를 얻는 데 방해요소가 될 수밖에 없다.

잠을 사치라고 여기는 것은 크게 잘못된 생각이다. 성공을 추구하면서 시간이 부족하다는 이유로 수면 시간을 줄이는 사람들이 많지만, 부족한 잠은 뇌의 기능을 떨어뜨릴 뿐이다. 구글, 나이키, 워너 브라더스 디스커버리와 같은 글로벌 대기업들은 직원들이 밤에 충분한 잠을 자도록 격려할 뿐만 아니라 낮잠을 장려하기도 한다.

잠자는 시간을 아까워하지 말자. 잠을 자는 동안에는 눈에 보이지 않을 뿐 뇌는 더욱더 생산적인 역량을 발휘할 수 있도록 자신의 기능을 끌어올리고 있다. 잠이 부족하면 오히려 깨어 있을 때의 생산성이 더욱 낮아진다는 점을 잊지 말자.

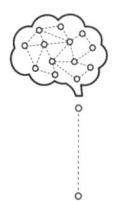

습관은 뇌 속에
지속하게 하는 회로를 만든다

좋은 습관은 성공을 부르고, 나쁜 습관은 실패를 부른다. 하루에 1%씩, 즉 0.01만큼씩 무언가 달라진다면, 1년 후에는 어떤 차이를 가져올까? '0.01이 얼마나 큰 차이를 가져오겠어?'라고 무시하는 사람도 있겠지만, 하루에 1%라는 작은 변화가 쌓이면 1년 후에는 엄청난 차이를 가져올 수 있다. 다음 수식을 보자.

$0.99^{365} = 0.03$

$1.01^{365} = 37.78$

무언가가 하루에 1%씩 감소한다고 가정하면, 1년 후에는 거의 아무것도 남지 않는다. 자신이 가지고 있는 역량이 하루에 1%씩 줄어든다면 어떨까? 1년 후에 남아 있는 역량은 거의 없을 것이다. 반대로 하루에 1%씩 자신이 가진 역량이 성장한다면, 1년 후에는 무려 38배 성장할 수 있다. 자신의 역량을 키워나갈 것인지 줄여나갈 것인지는 가지고 있는 습관에 따라 달라진다. 매일 1%씩 좋은 습관을 쌓아나가면 복리의 위력을 발휘해 역량을 크게 키울 수 있지만, 나쁜 습관이 쌓이면 그로 인해 인생을 망칠 수도 있다.

습관은 뇌에서 만들어진, 무의식적으로 사고와 행동을 이루는 신경회로가 만들어낸 결과물이라고 할 수 있다. 무언가를 반복적으로 하면 뇌 안에서는 자연스럽게 그 행동을 하도록 만드는 신경회로가 만들어진다. 신경과학자들의 연구에 따르면, 뇌에는 습관 회로가 존재한다고 한다. 어떤 행동을 반복하다가 이 회로의 덫에 빠지게 되면 습관이 되어서 좀처럼 빠져나가지 못한다는 것이다.

미국 듀크 대학교의 니콜 카라코스 교수팀이 진행한 동물 실험을 통해서도 습관 회로의 힘을 살펴볼 수 있다. 연구팀은 쥐의 우리에 레버를 설치하고 그것을 누르면 치즈가 나오도록 했다. 우연히 레버를 누른 쥐가 학습에 의해 반복해서 레버를 누를 때마다 기저핵이라는 특정 부위에서 뇌파가 발생했다. 자전거 타기, 글쓰기, 수영, 운전 등 무언가에 익숙해지면 그 행동은 의식적인 처리를 거치지 않고 자동으로 수행할 수 있게 되는데, 이때 관여하는 두뇌 부위가 바로 기저핵이다. 뇌 깊숙한 곳에 자리 잡고 있는 골프공만 한 크기의 기저핵에는 무언가를 '진행'하라는 메시지를 전달하는 회로와 '멈춤'이라는 메시지를 전달하는 회로가 존재한다. 이때 과도한 '진행' 신호나 부족한 '멈춤' 신호가 있을 경우 틱 장애가 나타나기도 한다. 즉, 하고 싶지 않은 행동을 멈출 수 없게 되는 것이다.

한 번 치즈 맛에 빠진 쥐는 치즈가 주어지지 않아도 계속 레버를 눌렀다. 습관이 된 것이다. 연구팀은 이 쥐의 뇌와 일반 쥐의 뇌를 비교해보았다. 그러자 일반 쥐보다 습관이 된 쥐의 '진행' 신경회로가 훨씬 더 활성화되었다는 사실을 알 수 있었다. 무엇이든 한 번 습관을 들이면 관련된 신경회로가 활성화되어 멈추고 싶어도 쉽게 멈출 수 없다는 뜻이다. 매년 연초가 되면 작심삼일을 반복하면서도 나쁜 습관들을 버리지 못하는 것이 이런 이유 때문이다.

뇌에서는 도파민, 세로토닌, 아세틸콜린 같은 신경전달물질들이 분비되고 이것들이 신경세포 사이를 돌아다니는데, 같은 길을 여러 번 돌아다니면 일종의 '기억 네트워크'가 만들어진다. 이것이 습관 회로가 된다. 마치 길이 없던 숲속에 사람들이 꾸준히 지나다니면 길이 만들어지는 것처럼 말이다. 길이 하루아침에 만들어지지 않는 것처럼, 습관도 형성되기까지 오랜 시간이 걸린다.

그 구체적인 시간에 대해서는 학자들 사이에서도 의견이 갈리는데, 최소 3~4주 정도 걸리는 것은 분명한 사실이다.

습관에는 좋은 것이 있고, 결코 도움 되지 않는 것이 있다. 아침 일찍 일어나는 습관, 책을 읽는 습관, 기록을 남기는 습관, 운동하는 습관 등은 육체적으로나 정신적으로 도움이 될 수 있다. 반면 밤늦게까지 잠을 자지 않고 스마트폰을 보는 습관, 게으름을 피우는 습관, 남을 헐뜯는 습관, 배가 터지도록 음식을 먹는 습관 등은 육체적으로나 정신적으로나 도움이 되지 않는다. 이렇듯 좋은 습관은 반복할수록 육체와 정신에 이롭지만, 나쁜 습관은 반복할수록 심신을 황폐하게 만든다. 특히 나쁜 습관은 육체적 활동을 저하시킴으로써 건강에 나쁜 영향을 미치거나, 미룸이나 지연 등 실행을 늦춤으로써 성과를 만들어내지 못한다. 핑계나 자기비하 등 정신건강에 나쁜 영향을 미침으로써 삶을 더욱 피폐하게 만든다. 그러므로 어떠한 습관을 익히느냐에 따라 자신의 삶도 성공과 실패가 갈릴 수 있다.

습관은 의지와도 밀접한 관련이 있다. 뇌가 좋은 습관보다는 나쁜 습관에 더욱 끌리는 것은 자연스러운 현상이다. 즉각적인 보상이 주어지는 경우가 많기 때문이다. 밤늦게까지 자리에 누워 핸드폰으로 영상을 보거나 늦은 아침까지 잠자리에서 일어나지 않고 게으름을 피우는 것은 즐거움과 육체적 활동으로 인한 에너지 소모를 줄이려는 뇌의 본능적인 의도가 담겨 있다. 지나치게 단 음식을 먹거나 야식을 먹어 출출함을 달래고 싶은 것 역시 에너지를 보충하고 싶은 뇌의 본능적인 행동이다. 이런 행동을 하는 데는 별다른 의지가 필요 없다. 편리함과 즐거움이라는 보상을 추구하는 뇌의 특성으로 인해 그러한 행동들은 자연스럽게 습관이 된다. 그래서 고치려는 생각을 하지 않는 한 이러한 습관들은 좀처럼 떨쳐버리기 힘들기 때문에 더욱 나쁜 습관으로 이어질 수 있다.

　인생을 성공적으로 살아가는 사람들은 습관의 중요성에 대해 잘 알고 있다. 그래서 나쁜 습관은 몰아내고 좋은 습관을 몸에 익히기 위해 굳은 의지를 가지고 부단히 노력한다. 무엇보다 성공한 사람들의 가장 큰 습관은 아침 일찍 일어나는 것이다. 아침형 인간도 있고 저녁형 인간도 있지만, 성공한 사람들 중 다수는 아침형 인간이다. 팀 쿡은 매일 새벽 3시 45분에 일어나 700통 이상의 메일을 점검하는 것으로 하루를 시작한다. 워런 버핏도 5시 30분에 잠자리에서 일어난다. 그들이 나이가 들어 새벽잠이 없어진 것이 아니라 젊은 시절부터 일찍 일어나고 규칙적으로 생활하는 습관을 몸에 익혀온 것이다. 일찍 일어나면 출근하기까지 시간적 여유가 생긴다. 그런 시간에 신문을 보거나 책을 읽거나 운동을 하는 등 건설적인 일에 투자하는 것이다.

아침 일찍 일어나려면 당연히 일찍 잠자리에 들어야 한다. 수면 시간을 줄여서 일찍 일어나는 것이 아니다. 잠이 부족하면 머릿속이 멍하고 부정적인 사고에 예민해질 수 있으며, 이러한 상태는 올바른 사고와 판단을 가로막을 수 있다. 이런 오류를 막기 위해서는 충분한 잠을 취해야 한다.

또한 성공한 사람들은 자기관리에도 철저해서 꾸준한 운동과 공부를 통해 자기를 계발하는 습관이 있다. 이미 성공의 자리에 올랐음에도 불구하고 더 이상 공부는 필요 없다고 멀리하는 것이 아니라 아직도 세상에는 배울 것이 너무나 많다는 자세로 배우기 위해 노력한다. '불치하문(不恥下問)'이라는 말처럼, 자신보다 나이 어린 사람에게 배우는 것을 부끄럽게 여기지 않으며 누구에게나 배울 기회가 생기면 배우려고 한다. 무엇이든 하나라도 배울 것이 있다면 그들을 스승으로 삼는다.

이렇게 무언가 새로운 것을 배우면 뇌는 새로운 신경회로를 형성하고, 지속적으로 업그레이드될 수 있다. 지금 아는 것에 만족하다 보면 뇌는 기존의 신경회로만 고집할 뿐 전혀 달라지지 않는다. 운동을 통해 두뇌를 건강하게 만들고 공부를 통해 무언가를 새로 학습하다 보면 뇌를 건강하게 유지할 수 있고, 나이가 들어도 사고력이나 판단력 등 인지기능의 저하 없이 건강한 모습으로 정신적 활동을 이어나갈 수 있다.

성공한 사람들의 다른 습관 중 하나는 관찰하고 메모하는 것이다. 미라클 모닝의 개념을 전 세계에 퍼뜨린 할 엘로드에 따르면, 대부분의 큰 부자들은 기록하는 습관을 가지고 있다고 한다. 레오나르도 다빈치가 메모광임은 이미 잘 알려져 있는데, 워런 버핏과 빌 게이츠도 마찬가지다. 그들은 틈날 때마다 머릿속에 떠오른 생각들을 기록하고, 틈날 때마다 그것을 들여다보며 아이디어를 개발하고, 주위 사람들과 공유하며 발전시켜나간다.

두뇌는 휴식을 취할 때나 여유가 있을 때 '디폴트 모드'라는 부위가 활성화되면서 좋은 생각을 떠올리곤 한다. 휴식을 취할 때는 창의력을 북돋는 알파파가 급증하기도 한다. 자려고 누웠다가 좋은 생각이 떠올라 다시 자리에서 일어난 경험이 한 번쯤 있을 것이다. 그때 기록으로 남겨두지 않으면 뇌는 그것을 쉽게 망각하고 만다. 다시 같은 생각을 떠올리려고 해도 쉽사리 신경회로가 연결되지 않아 소용없다. 생각이 떠올랐을 때 기록해두지 않으면 좋은 아이디어도 바람처럼 사라지고 만다. 기록은 생각이 지나간 후에도 잊지 않고 활용할 수 있도록 붙잡아두는 수단이다. 그러므로 늘 필기도구를 가까이 두고 기록하는 습관을 들이는 것이 좋다.

오랜 시간에 걸쳐 꾸준한 보상을 제공하는 좋은 습관들은 게으름을 피우거나 에너지를 아껴 쓰려는 두뇌의 특성을 거스르기 때문에 뇌에서 신경회로를 형성하기 어렵다. 한 번 신경회로가 형성되었다고 해도 꾸준히 반복하지 않으면 애써 만든 신경회로가 소멸될 수 있다. 사람이 다니지 않는 등산로는 다시 풀과 나무로 뒤덮이게 마련이다.

양약고구(良藥苦口)라는 사자성어처럼 몸에 나쁜 것은 달콤하지만, 몸에 좋은 것은 쓴 법이다. 나쁜 습관은 인지하지 못하는 사이에 서서히 자기 자신을 망치고, 좋은 습관은 자신을 더 나은 길로 이끌어간다. 나쁜 습관을 멀리하고 좋은 습관을 가까이하는 것을 게을리하지 말자.

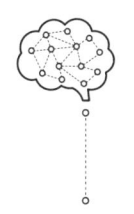

스트레스를
효과적으로 줄이는 법

우리나라 사람들의 사망 원인으로 압도적인 1위를 차지하는 것은 바로 암이다. 치료제와 치료 기술의 발달로 암의 완치율이 높아지고 있지만, 여전히 생명을 앗아가는 무서운 질병임이 틀림없다. 암을 일으키는 원인은 다양하지만 그중 하나가 스트레스다. 대부분의 의사가 건강 관리의 핵심은 스트레스를 잘 다스리는 것이라고 강조한다.

하지만 현대 사회를 살아가면서 스트레스를 잘 관리하기란 풀기 어려운 숙제와도 같다. 과도한 경쟁으로 인해 늘 치열한 삶을 살아야 하고, 성과를 내지 않으면 지금의 지리에 머무르지 못한 채 뒷전으로 밀려날 수 있으므로 늘 긴장과 불안 속에서 살게 된다. 남들보다 뛰어난 결과를 만들어내기 위해 수면 시간도 줄여가며 하루를 마치 24시간 이상인 것처럼 정신없이 살아야 한다.

사회가 복잡해지면서 개인이 감당할 수 있는 던바의 수(진화심리학자인 로빈 던바가 주장한 것으로, 가장 안정적으로 관계를 맺을 수 있는 사람의 수는 150명이라고 한다)를 넘어 과도한 관계를 맺다 보니 인간관계에서 오는 스트레스도 적지 않다. 이렇게 일과 사람에 치이다 보면 스트레스를 받지 않기란 거의 불가능에 가깝다. 스트레스가 만병의 근원이라는 것을 알면서도 그것으로부터 자유로울 수가 없는 것이 우리 모두의 현실이다.

최근 진행된 '한국 직장인 직무 스트레스 현황·실태 조사'에 따르면 직장인 중 22%가 심각한 고위험 스트레스 군에 속하며, 95%가 고위험 스트레스군으로 발전할 가능성이 있는 잠재군이라고 한다. 대부분이 스트레스의 위험 수준에 놓여 있는 셈이다.

좋고 나쁨의 여부를 떠나서 뇌에 가해지는 모든 자극을 스트레스라고 하는데, 여기에는 '빠른 경로'와 '느린 경로'가 있어 서로 조금 다르게 반응한다. '빠른 경로'는 갑자기 달려드는 차를 보았을 때와 같이 순간적으로 나타나는 반응을 말한다. 긴급상황을 인지하면 시상하부로 신호가 전달되고 자율신경계의 교감신경이 콩팥 바로 위에 있는 부신으로 신호를 보내 아드레날린을 분비하게 만든다. 그러면 심장박동과 호흡이 빨라지고, 근육이

긴장되며, 소화활동은 잠시 중단된다.

'느린 경로'는 앞선 사례처럼 직장인들이 일터에서 꾸준히 받는 스트레스 같은 것이다. 스트레스를 받으면 시상하부에서 뇌하수체, 그리고 부신에 이르는 스트레스 축이 가동된다. 마치 뇌 안에서 비상벨이 울리는 것과 같다. 경보가 울리면 편도체가 시상하부를 자극해 여러 가지 호르몬을 분비하라는 신호를 보낸다. 먼저 교감신경계를 통해 노르에피네프린이 신호를 보내면 콩팥 위에 놓인 부신이 호르몬을 분비해 혈압을 높이고 심장박동과 호흡이 빨라지도록 만든다. 동시에 부신피질 자극 호르몬이 뇌하수체를 자극하면서 부신피질에서 스트레스 호르몬인 코르티솔이 분비된다. 코르티솔은 스트레스 호르몬이라는 이유로 억울한 오해를 받기도 하지만 건강 상태를 알려주는 지표이기도 하다. 아침이면 수치가 올라갔다가 하루를 보내면서 감소하고, 잠을 자는 동안 다시 올라가는 등 규칙적으로 변화한다. 코르티솔이 건강하게 오르락내리락하면 문제가 없지만 정상 수준을 벗어나면 문제가 된다.

스트레스가 잦아지거나 장기적으로 이어지면 신체와 뇌를 파괴시킬 수 있다. 첫째, 스트레스는 비만과 당뇨의 발병 위험성을 크게 증가시킨다. 스트레스 호르몬이 지속적으로 분비되는 만성 상황이 되면, 포도당이 뇌로 충분히 갈 수 있도록 인슐린의 분비를 중단한다. 또 에피네프린이 소모한 저장 에너지를 다시 채워 넣어 지방이 축적된다. 이렇게 되면 여분의 연료가 복부에 지방으로 쌓이고, 심리적 허기 때문에 음식을 찾는 일이 많아지므로 채 소모되지 못한 에너지가 또다시 지방으로 축적되면서 비만이 되는 것이다.

    게다가 신경세포에 당이 부족한 상태인 신경당결핍도 불러와 더욱 먹을 것을 찾게 된다. 혈액 내의 포도당 수치는 일정하게 유지되지만, 인슐린 수치가 낮아져 당뇨병에 걸릴 가능성이 높아질 수밖에 없다. 코르티솔은 면역계 조절에서도 복잡한 역할을 담당하고 있는데, 수치가 지속적으로 높은 상태에서는 감염대응 능력에 문제가 생길 수도 있다. 당뇨병이나 심혈관 질환, 치매 등으로 연결될 수 있는 것이다.

    둘째, 사고력과 집중력이 감소하며 인지 능력에도 영향을 미친다. 스트레스 축이 가동되면서 전두엽으로 가야 할 에너지가 줄어들어 문제를 해결하는 데 동원되는 작업기억 용량이 감소한다. 뇌가 필요로 하는 포도당의 양은 약 120~130g 정도인데, 스트레스 축이 활성화되면 그 불을 끄기 위해 포도당을 우선 사용하게 된다. 사고기능을 담당하는 전두엽으로 갈 에너지가 줄어들어서 이성적이고 합리적인 판단보다는 공포와 걱정, 두려움에 사로잡힌 감정적인 판단을 내릴 가능성이 높아진다. 충동적인 판단도 많아진다. 이렇듯 스트레스는 주의력의 균형을 '감각 경계 상태'로 옮겨가도록 만든다. 중요한 일들을 무시하도록 만드는 것이다. 잠재적인 위협이라고 잘못 해석한 것들로 인해 주의가 흐트러지면서 집중력이 떨어지는 악순환이 일어나는 셈이다.

스탠퍼드 대학교의 연구팀에 따르면, 스트레스가 높은 사람은 공감 능력이 떨어지고 농담에도 웃지 못하기 때문에 인간관계가 어려워진다. 기억 능력도 저하되는데 스트레스 상황에서 119와 같은 번호가 선뜻 떠오르지 않거나 무엇을 해야 할지 몰라 발만 동동 구르는 경우가 생기는 것도 이 때문이다.

셋째, 스트레스가 장기적으로 뇌에 미치는 영향도 심각하다. 코르티솔 분비가 오랜 기간 이어지면 신경회로의 연결이 단절될 수 있고, 다른 신경세포로부터 신경신호를 전달받는 수상돌기가 수축되어 신경세포가 사멸된다. 신경세포의 사멸은 신경회로의 감소로 이어질 수밖에 없다. 또한 코르티솔은 해마를 물리적으로 파괴한다. 해마는 단기기억과 학습에 관련된 아주 중요한 두뇌기관이다. 해마가 손상되면 최근에 일어난 일을 기억하지 못한다.

해마는 코르티솔 수치를 파악해서 너무 높으면 낮추는 역할을 하는데, 해마가 손상되면 코르티솔 조절 능력을 잃게 되므로 코르티솔 수치가 점점 더 올라간다. 그리하여 상기적으로 코르티솔의 공격에 노출되면 해마는 마치 건포도처럼 쪼글쪼글하게 오그

라든다. 그렇게 되면 당연히 무언가를 새롭게 배우거나 기억하는 역량이 저하된다. 게다가 해마에서는 매일 새로운 신경세포가 만들어지는데 코르티솔의 공격을 받으면 신경세포 재생이 이루어지지 않는다. 매일 죽어가는 세포는 새로운 신경세포로 어느 정도 대체되는데, 신경세포 재생이 이루어지지 않으니 뇌의 노화가 더욱 빨라질 수밖에 없다. 그뿐만 아니라 세로토닌 분비를 감소시켜 우울감과 피로감을 가져오기도 한다.

스트레스를 방치하면 성공적인 삶을 사는 데 큰 장애가 된다. 스트레스를 받는 일을 될 수 있는 한 피해야 하지만 그것이 결코 쉽지 않으므로 적극적으로 관리하는 방법밖에 없다. 그렇다면 어떤 방법이 효과적일까?

첫째, 운동을 하는 것은 가장 효과적인 방법이다. 운동은 신체적인 건강을 증진시킬 뿐만 아니라, 뇌의 혈류량을 높여주고 스트레스 한계점을 높여주어 면역력을 끌어올리기도 한다. 평소 50만큼의 자극으로도 스트레스 상태에 놓여 코르티솔이 분비된다고 하면, 운동을 하면 그 수준이 70에서 80으로 올라가 쉽게 스트레스를 받지 않게 되는 원리다. 성공한 사람들이 운동을 게을리하지 않는 이유 중에는 스트레스에 대한 수용 수준을 높이기 위한 것도 있다.

또한 운동은 해마의 손상을 방지하고 신경세포의 재생이 원활하게 이루어지도록 돕는다. 해마에서 새로 태어난 뇌세포에 영양을 공급해서 이 세포들이 새로운 신경회로를 형성할 수 있게 해주고, 신경발생 과정을 뒷받침한다. 해마의 기능이 저하되지 않도록 함으로써 학습과 기억에 유리하며, 뇌의 노화 속도도 늦출 수 있다.

둘째, 명상을 하는 것은 스트레스 해소에 도움이 된다. 스티브 잡스가 살아생전에 명상을 했다는 사실이 알려지면서 미국의 여러 스타트업들은 직원들의 스트레스 해소를 위해 명상 프로그램을 도입하기도 했다. 명상을 오래 연구해온 신경과학자들에 따르면, 명상은 내측 전전두피질을 비롯해 주의력을 집중하는 역할을 하는 것으로 알려진 꼬리핵이라는 부위, 그리고 해마 등 뇌 속 다양한 부위들의 네트워크를 활성화한다고 한다. 또 뇌세포를 보호할 수 있는 지방층이 만들어지도록 돕고, 코르티솔의 영향을 줄여 신경 연결이 원활해지도록 돕는다.

명상하는 동안의 두뇌 상태는 마치 잠을 잘 때와 비슷한 뇌파를 보여주는데, 피로회복을 돕고 영양을 공급하는 수면활동과 유사하면서도 창의적 사고를 북돋고 기억을 공고히해주는 편안한 각성 상태를 만들어준다. 정신건강이나 인지기능 개선 측면에서 모두 좋은 것이다. 국내 연구진의 연구 결과에 따르면 명상은 스트레스를 56% 정도 감소시키고, 혈액 내의 도파민 수치를 29%

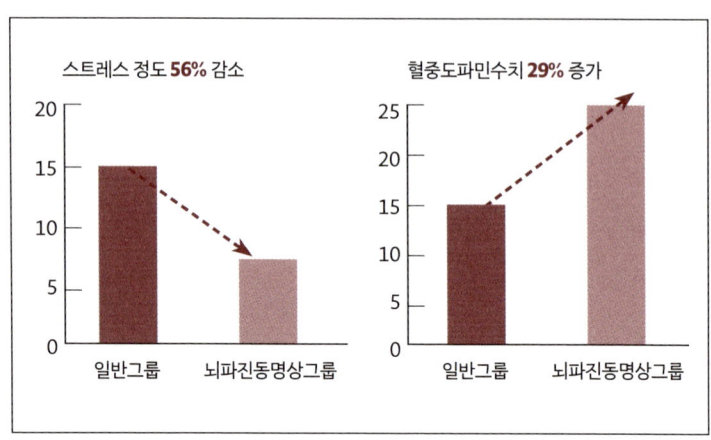

증가시킨다고 한다. 스트레스 없이 기분 좋은 상태에서 뇌가 무언가에 집중할 수 있도록 만들어주는 것이다. 그러니 명상을 하는 것도 스트레스 해소에 큰 도움이 될 수 있다.

한편 러트거스 대학교의 연구에 따르면, 명상과 유산소 운동을 결합한 방식의 정신육체훈련(mental and physical training)이 행복지수를 향상시킨다고 한다. 이 연구는 우울증을 치료하기 위해 개발된 것이지만, 우울증 증상이 없는 사람들도 이 훈련 이후 행복감이 올라갔다고 한다. 그래서 스트레스 해소에도 도움이 될 수 있을 것이다.

셋째, 그밖에 다양한 문화예술 활동이나 악기를 연주하는 등의 취미활동이 스트레스 해소에 도움이 된다. 음악은 옥시토신 분비를 촉진해 코르티솔의 위해를 막아준다.

무언가를 직접 하지 않아도 자신이 어떻게 하면 스트레스를 해소할 수 있는지 방법을 아는 것만으로도 스트레스 해소에 도움이 된다는 연구 결과도 있다. 한 연구에 따르면 직접 실천하지 않아도 스트레스 해소 방법을 알고 있는 것만으로도 스트레스 수준이 낮아진다고 한다. 가장 좋은 것은 직접 실천하는 것이지만 그것이 여의치 않을 때에는 '이런 것을 해야겠다'라고 생각하는 것만으로도 스트레스를 줄일 수 있다는 것이다.

스트레스가 무조건 나쁜 것만은 아니다. 스트레스가 없으면 의욕이 떨어지고 동기부여가 되지 않는다. 각성이 일어나지 않고 세상이 던져주는 온갖 도전에 대응하고 싶은 마음이 없어지면서 안일한 삶을 살게 될 가능성이 크다. 적당한 스트레스는 건강한 삶을 위해서 필요하다.

하지만 지나친 스트레스는 신체건강은 물론 사고와 판단의 질을 떨어뜨리며 정신건강에도 악영향을 미친다. 이를 방치하다 보면 번아웃과 같은 증상으로 이어질 수도 있고, 일의 효율이 저하되어 원하는 결과를 만들어내기 어려울 수도 있다. 좀 더 나은 삶을 살기 위해서는 적극적인 스트레스 관리가 필수적이다.

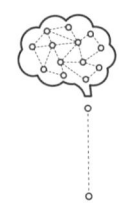

좋은 습관은
무의식의 지형을 바꿀 수 있다

많은 사람이 자기계발에 관심을 갖는 이유는 한 번뿐인 삶을 후회 없이 성공적으로 살고 싶어서일 것이다. 자기계발은 처음 개념이 등장한 이후로 꾸준히 베스트셀러 분야를 지켜오며 시간이 지날수록 시장 규모가 더욱 커지고 있다.

자기계발 도서들을 보면, 늘 강조하는 이야기 중 하나가 '의지'다. 무엇을 하든 성공하기 위해서는 강한 의지가 필요한데, 자신의 고유한 생각에 따라 움직인다는 뜻에서 '자유의지'라고 부른다. 마땅히 해야 하는 것을 못하는 사람들은 의지가 부족한 사람이고, 그 정도가 심해서 자신의 뜻대로 움직이지 못하면 '의지박약'이라고 부르기도 한다. 의지가 약한 사람들은 큰일을 하기 어려우니 성공적인 삶을 위해서는 강한 의지가 필요하다고 말한다. 대부분의 자기계발 활동은 이렇게 개인의 의지를 전제로 하고 있다. 자유의지에는 다양한 사람들과 관계를 이루며 살아가는 사회의 일원, 합리적이고 이성적인 판단을 할 수 있는 의식적 주체로서 자신의 사고와 행동을 사회적인 규범과 규율에 맞추어 동기화하는 것이 반영될 수밖에 없다. 철학이나 정신분석학에서 말하는 자아와도 일맥상통한다고 할 수 있다.

삶을 성공적으로 사는 사람들과 그렇지 못한 사람들 간에는 정말 의지의 차이가 있는 것일까? 그에 대한 답을 하기 전에 먼저 자유의지에 대해 살펴보자. 1985년 생리학자 벤저민 리벳은 날카로운 핀으로 환자의 손을 찌른 뒤 그 신호가 뇌에 도달하기까지의 시간을 측정해 보았다. 그 시간은 20밀리초밖에 걸리지 않았다. 그런데 이상하게도 환자가 통증을 느꼈다고 대답하기까지는 약 500밀리초가 걸렸다. 통증의 감각이 뇌에 도달한 시간과 그것을 인지한 시간 사이에 큰 차이가 난 것인데, 이는 의식과 행동이 나타나는 시점이 다를 수 있음을 시사한다. 물론 실험에 참여한 사람이 정확한 시간을 읽어내는 데 오류가 있었을 수도 있고, 버튼을 누르고 싶다는 의사결정을 내린 느낌을 주관적으로 판단한 것일 수도 있다.

이런 오류를 검증하기 위해 패트릭 해거드라는 생리학자가 다시 유사한 실험을 진행했다. 피험자들을 모집한 뒤 버튼을 주고 언제든 누르고 싶을 때 누르라고 한 것이다. 피험자들의 뇌에서 나타나는 반응을 측정하기 위해 연구팀은 피험자들에게 뇌파측정장치를 부착한 뒤 관찰했다. 단순히 버튼을 누르기만 하면 되는 이 간단한 실험에서 연구팀은 이런 가정을 했다. '뇌에서 버튼을 누르고 싶다는 욕구가 생기면 그것이 운동피질에 전달되어 근육을 움직이도록 명령을 내리고, 그에 따라 손가락이 움직여 버튼을 누르게 된다.' 의식적인 욕구가 먼저 생겨난 뒤 행동이 따를 것이라는 가정이었다.

하지만 실험에서는 이 가정과 완전히 다른 결과가 나타났다. 운동피질이 활성화되고 거의 1초 정도의 시간이 지난 뒤에야 비로소 의식에서 버튼을 누르라는 명령을 내린 것이다. 밀리초 단위로 움직이는 신경신호 전달 체계에서 1초라는 시간은 무척 긴 시간이다. 실험 결과는 의식적인 결정을 내리기에 앞서 이미 뇌가 그 행동을 준비하고 있었음을 나타낸다. 다음 페이지의 그림에서 보는 것처럼 의식적으로 버튼을 누르기에 앞서 이미 운동피질에서 손가락을 움직이기 위한 자극들이 축적되어 있다. 그러다가 자극이 역치를 넘어서는 순간 손가락을 움직여 버튼을 누른 것이다.

신경과학자인 존 딜런 하인즈도 비슷한 실험을 했다. 피험자들

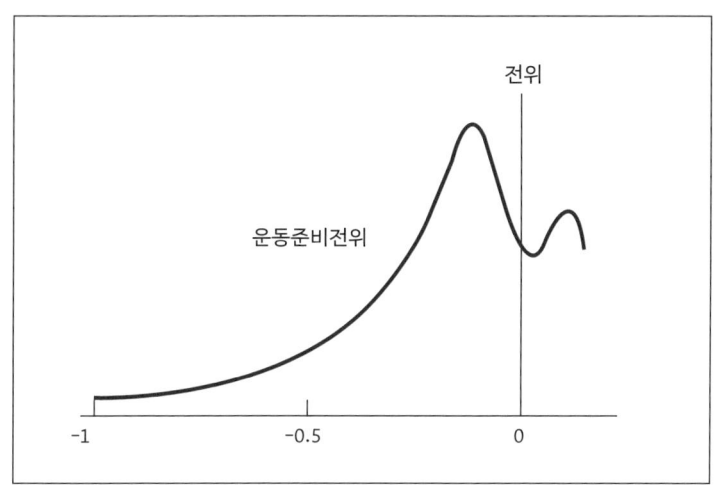

을 fMRI 기계 안에 눕힌 뒤 스크린에 임의의 알파벳을 보여주고 원할 때 버튼을 누르도록 했다. 버튼을 누를 때 스크린에 나타난 알파벳을 기억하도록 했는데 피험자가 버튼을 누르기 1초 전에 이미 운동피질이 움직이기 시작했다. 어떤 사람의 경우에는 그 시간이 10초까지 차이가 나기도 했다. 이 실험은 자신의 자유의지에 따라 사고하고 행동하는 것이 아니라 뇌가 시키는 대로 사고하는 행동하는 것임을 잘 보여준다. 무언가 바람직한 방향으로 사고한 다음 마땅한 행동을 하는 것이 아니라 뇌가 하고 싶은 일을 시키면 비로소 행동이 그것을 따라간다는 말이다. 이는 사람들이 일상적으로 하는 행위가 자유의지에 의한 것이 아니라 잠재의식에 의해 무의식적으로 이루어진다는 사실을 의미한다. 인간의 사고와 행동을 움직이는 진짜 세력은 자유의지가 아니라 잠재의식임에도 사람들은 여전히 의식적인 자아가 사고와 행동을 지배한다고 착각한다는 것이다.

이 이론을 통해 매우 중대한 의문을 제기할 수 있다. 지금까지는 게으르고 나태하고 자기계발에 소홀한 사람들에 대해 자유의지가 부족하다고 탓했지만, 알고 보니 그건 의지와 상관없이 뇌의 무의식이 시켰기 때문인 셈이다. 의지의 부족이 아니라 뇌의 선택이므로 자신에게는 의지에 대한 책임이 없다는 의미이기도 하다.

그렇다면 성공한 사람들은 자유의지가 강하고 자신이 마음먹은 대로 행동한다고 하지만, 그것 역시 타고난 뇌의 특성일 뿐 노력에 의한 것은 아니라는 반론이 제기될 수 있다. 아무리 의지를 다지고 발전적인 방향으로 노력하고 싶어도 뇌가 이를 받아들이지 못하고 편함을 추구하게끔 선천적으로 만들어져 있다면, 모든 노력이 소용없다는 말이 되는 것이다. 자유의지에 대한 논란은 이후 범죄자들의 행위를 정당화하는 수단으로도 인용되는 등 많은 반향을 일으키고 있다. 앞으로도 이 문제는 뜨거운 감자처럼 많은 철학자와 과학자들의 입에 오르내리게 될 것이다.

아마도 자신의 의지가 상대적으로 약하다고 여기는 사람들은 이 이론을 보면서 자신의 행동을 정당화할 근거가 생겼으니 안도의 한숨을 내쉴 수도 있을 것이다. 하지만 자유의지가 있느냐 없느냐의 여부를 떠나서 성공한 사람들과 그렇지 못한 사람들 사이에는 분명 다른 점이 있다. 그것은 어쩔 수 없이 '의지'의 강인함 여부로 돌아갈 수밖에 없다. 성공한 사람들은 대부분 어떤 환경에서도 흔들리지 않는 강한 의지가 있고 그 의지대로 행동하지만, 성공하지 못한 사람들은 대부분 나약한 의지를 가지고 있다. 이것이 절대적인 법칙은 아니지만 대체로 그러하다.

만약 인간의 사고와 행동이 잠재된 의식이나 무의식을 통해서 발현된다고 하더라도 여전히 미래의 내 모습을 바꿀 방법은 남아있다. 즉, 의지를 다지는 것이 아니라 잠재된 의식을 바꾸는 것이다. 잠재된 의식이 긍정적인 방향으로 바뀌면 그것이 뇌를 바람직한 방향으로 움직이게 되고, 좋은 사고와 행동을 하도록 만들 수 있다. 결국 그 뇌의 주인공은 자기 자신이니까 말이다.

잠재된 의식을 바꾸기 위해서는 좋은 습관과 좋은 생각, 올바른 행동이 반복되면서 그것이 뇌 안에 축적되어 무의식에 쌓여야 한다. 그러면 필요한 순간에 위력을 발휘하고 좋은 방향으로 자기 자신을 이끌어나가게 된다. 성공한 사람들이 남다르게 강한 의지를 가지고 있는 것도 알고 보면 좋은 습관이 축적되어 무의식 속에서 강한 의지처럼 반영되는 것일지도 모른다. 인간이 다른 동물과 구분될 수 있도록 만들어주는 가장 두드러진 두뇌 부위가 전두엽인데, 이 부위를 잘 활용할수록 자유의지가 강하다고 한다. 즉, 의식적으로 전두엽을 잘 활용하려고 할수록 의지도 자신의 마음대로 발휘할 수 있음을 의미한다.

앞선 신경과학자들의 실험을 다른 측면에서 해석하는 사람들도 있다. 뇌가 운동을 하도록 준비하는 것과 실제로 움직이겠다는 결정을 의식적으로 자각한 사이에는 시간의 지연이 생긴다. 즉, 뇌에서 버튼을 누르고 싶은 마음이 생기는 것과 실제로 버튼을 누르는 의사결정 사이에는 시간적 지연이 있다는 말이다. 이 틈이 어쩌면 뇌가 시키는 바람직하지 못한 행동을 거부할 수 있는 시간이 될 수도 있다는 것이 그들의 주장이다. 뇌가 무언가를 시켰다고 해서 무조건 실행하는 것이 아니라 뇌가 좋지 않은 것을 시켰더라도 의사결정을 내릴 때까지의 아주 짧은 틈 사이에 일시정지 버튼을 눌러 뇌의 잘못된 판단을 막고 자신의 주체성을 회복할 수 있다는 것이다. 그것이 진정한 자유의지라고 말한다.

주위를 둘러보면 어떤 사람들은 마음먹은 대로 살아가지만, 어떤 사람들은 그렇지 못하는 것을 봤을 때 분명 의지는 존재하는 듯하다. 그것이 어디에서 오는 것이든 삶을 주도적으로 이끌어나가기 위해서는 많은 노력이 필요하다. 분명한 사실은 그 노력들이 축적되면 분명 바람직한 방향으로 무의식이 발현된다는 점이다.

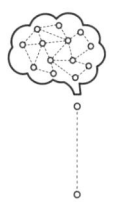

자신의 뇌에 종종
의심이라는 활력을 주입하자

뇌는 에너지 몬스터와 같다. 특히 사고활동이나 인지활동과 같은 고차원적인 두뇌 활동은 더욱 많은 에너지를 필요로 한다. 고도의 인지활동을 하고 나면 쉽게 피로를 느끼거나 허기를 느끼는 이유도 인지활동에 많은 에너지를 소모하기 때문이다. 이런 이유로 뇌는 다른 신체기관보다 에너지 효율이 낮다. 에너지를 아껴 쓰지 않으면 안 되는데 뇌가 선택한 전략은 위험부담을 최소화하는 것이다. 낯선 것과 익숙한 것 중 익숙한 것을 택함으로써 낯선 것을 택했을 때 오는 과도한 신경반응을 피하는 것이다. 평소 익숙한 것을 하는 것과 익숙하지 않은 새로운 변화를 받아들이는 것 사이에는 에너지 사용에 차이가 날 수밖에 없다. 익숙한 것은 에너지를 많이 쓰지 않으면서도 힘들이지 않고 할 수 있지만, 새로운 것은 꽤 많은 신경을 쓰며 통제해야 한다. 새로운 신경회로를 연결해야 하고 그것을 유지해야 하니 당연히 익숙한 것보다는 새로운 일을 할 때 두뇌의 에너지 소모가 늘어날 수밖에 없다.

이를 피하고자 뇌는 변화를 싫어하고 평소 익숙한 방식대로 행동하려고 한다. 대부분의 사람이 회사에서 일을 할 때 새로운 방식보다는 기존에 해왔던 방식대로 하려고 한다. 수도 없이 담당자가 바뀜에도 불구하고 일 처리 방식이 크게 달라지지 않는 것도 이 때문이다. 요리를 하거나 운전을 하거나 운동을 할 때도 익숙한 방식으로 하려고 한다. 낯선 사람을 만나 그 사람의 취향에 맞추려 하기보다는 익숙한 사람들과 어울리고 싶어 한다. 무언가 변화가 생기면 뇌는 그것을 처리하기 위해 신경 활동이 활발하게 증가한다. 그 과정에서 기존 신경세포를 활용해 대응하거나 문제를 해결하는 것이 불가능할 경우 새로운 신경세포의 결합을 통해 상황을 처리하려고 한다. 사용하지 않던 신경세포를 사용하게 되면 에너지 소모가 급증할 수밖에 없으니 되도록 이런 상황은 만들고 싶어 하지 않는다.

또한 뇌는 생존을 최우선으로 한 행동을 추구한다. 만일 무언가 낯선 환경에 놓이는 경우 신속한 판단과 대응을 위해 생존에 유리한 방향으로 사고하고 행동한다는 것이다. 우리가 사는 세상에서 뇌가 받아들여야 하는 정보는 너무나 많고 갈수록 복잡해지고 있다. 오늘날 전 세계에서 하루 동안 만들어지는 정보의 양은 과거 1만 년 동안 인간이 만들어낸 정보보다 많다고 한다. 만일 눈이나 귀 같은 감각기관을 통해 받아들이는 모든 정보에 대해 세세하게 신경을 기울일 경우 뇌는 과부하에 걸릴 수밖에 없다. 이러한 문제를 피하고 복잡한 정보를 신속히 정리하여 처리하기 위해 뇌는 패턴이라는 것을 이용한다. 한마디로 붕어빵을 만드는 틀 같은 것을 이용하는 것이다. 일일이 모든 상황과 정보를 분석해 대응하기보다 습관적으로 유사한 상황을 유추해 상황을 재빠르게 알아채고 반응하도록 한다. 이렇게 함으로써 운전이나 운동, 간단한 사고나 계산과 같은 일상적인 일들을 빠르고 정확히 수행할 수 있게 된다.

  이렇듯 뇌는 에너지를 아끼기 위해 같은 방식으로 정보를 처리하려고 한다. 무언가 문제가 주어지면 대략적으로 파악한 뒤 '아, 이건 이런 거구나'하고 자신이 알고 있던 패턴대로 해결하는 것이다. 이렇듯 패턴화된 사고는 생각의 변화를 거부하게 만들고, 새로운 생각을 떠올리거나 독창적으로 문제를 해결하는 능력을 떨어뜨린다. 게다가 쉽고 빠르게 정보를 처리하기 위해 무의식적으로 판단하는 것을 즐긴다. 어떤 문제가 주어졌을 때 일정한 패턴에 따라 문제를 풀 수 있다고 여겨지면, 아무리 새롭고 간단한 방법이 주어져도 그것을 보지 못하고 이전의 방식을 되풀이한다. 뇌가 의식적으로 일하는 것이 아니라 기계적으로 자동조정 방식에 의해 일하게 되는 것이다. 엑셀 프로그램을 처음 배울 때는 머리를 많이 써야 하지만 전문가처럼 숙달이 되면 생각은 빠져나가고 손가락만 움직이게 되는데, 이렇게 기계처럼 하는 것이 자동조정방식이다.

이러한 두뇌의 특성은 창의적인 사고를 가로막는 요인이 된다. 자동화되고 기계적인 사고에 익숙해진 뇌는 기존의 패턴을 벗어나 새로운 시각에서 상황을 바라보지 못한다. 창의적인 사고는 주어진 틀에서 벗어나는 것이자 기존의 패턴을 부수는 것이다. 전혀 다른 각도에서 문제를 보며 해결책을 찾아내는 것이기도 하다. 안타깝게도 뇌는 오래된 패턴을 고수하는 것을 선호한다. 이런 식으로 오랜 시간이 지나면 특정한 일에 익숙해질 수는 있지만 창의적으로 사고하기는 힘들어진다. 게다가 익숙해진 상황에서 벗어나 예외적인 상황이 벌어지면 문제 해결을 하지 못할 수도 있다. 무언가에 익숙해져 있던 사람들이 그것에서 조금만 달라져도 당황하며 어쩔 줄 몰라 하는 것도 그런 이유에서다. 기존과 다른 패턴에서는 기존과 다른 사고가 필요한데 기존의 사고로 문제를 해결하려고 하다 보니 문제가 해결되지 않는 것이다.

따라서 의식적으로라도 기존의 방식을 부정하고 의심할 필요가 있다. 지금까지 충분히 잘 해온 방식일지라도 그 외에 다른 방법은 없는지 새로운 관점에서 문제를 바라보고 새로운 해결책을 떠올리려고 노력해야 한다. '이건 당연히 이렇게 하는 거야'라는 생각을 벗어던져야 새로운 관점에 눈을 뜰 수 있다.

앉으면 눕고 싶고, 누우면 자고 싶은 것이 사람 마음이다. 한 번 편리함에 익숙해지면 그 편리함에서 벗어나기 어렵다. 아무리 시간이 지나도 안전지대(comfort zone)에서 벗어나기 어렵고, 새로운 것을 받아들이기 힘들어진다. 새로운 것을 받아들이고 익숙해지는 과정에서는 우뇌가 활발하게 활동하지만, 그것에 익숙해지면 그 일은 좌뇌가 맡아서 하게 된다. 우뇌를 활용하는 사람일수록 창의적인 사람이라고 하지만, 그 말이 꼭 맞는 것은 아니다. 기존의 틀을 벗어나 새로운 것을 떠올리고 받아들이려고 할 때 뇌는 거부를 하면서도 그것에 익숙해지기 위해 노력한다. 그러므로 이러한 노력을 의식적으로 반복할 때 자연스럽게 다양한 관점에서 상황을 바라볼 수 있고 창의적인 사고를 떠올릴 수도 있다.

중요한 것은 스스로 늘 새로운 길이 있는지 의심하고 주의를 기울이며 찾는 것이다. 뇌는 스스로 창의적인 길을 찾으려고 하지 않는다. 익숙함을 따름으로써 빠르게 결론을 찾아내고 싶어 할 뿐이다. 그러므로 늘 스스로 타성에 젖어 있는 것은 아닌지 의심하고 새로운 정보에 의식적으로 자신을 노출할 필요가 있다.

'이보다 더 좋은 방법은 없을까?' 하는 의문을 늘 가슴에 품고 살아야 한다. 새로움의 추구는 뇌에 부담이 되지만, 그 부담이 창의적인 사고를 일깨우는 마중물이 된다.

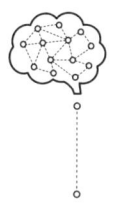

포기하려는 뇌의 본능을
의지라는 노력으로 극복하자

살다 보면 꽃길을 걸을 수도 있고, 자갈길을 걸을 수도 있다. 그래서 '고진감래'라는 말도, '호사다마'라는 말도 생겨났을 것이다. '새옹지마'라는 말처럼 불행이 행운으로 바뀔 수도 있고, 행운이 불행이 될 수도 있다. 사람에 따라서는 어렵고 힘든 일을 만나면 도전해볼 생각조차 하지 않은 채 쉽게 포기하는 사람이 있는가 하면, 끝장을 볼 때까지 밀어붙이는 사람도 있다. 당연히 쉽게 포기하지 않는 후자가 더욱 성공적인 삶을 살 가능성이 높다.

쉽게 포기하는 것은 개인의 성향에 따라서 차이를 보이는 것일까, 아니면 인간이 가진 기본적인 성향일까? 인간에게는 '이미 망쳤는데 뭐 어때'라고 생각하는 성향이 기본적으로 잠재되어 있다고 한다. 다이어트를 시작한 경우를 생각해보자. 맛있는 음식의 유혹을 꾹 참으며 다이어트를 하는 중인데, 친한 친구들과 만날 약속이 생겼다. '아무리 맛있는 음식이 있어도 꾹 참고 조금만 먹어야지'라며 굳은 결심을 하고 나가지만, 오랜만에 만난 친구들과 맛있는 음식을 앞에 놓고 술 한잔 곁들이며 대화를 나누다 보면 그 결심은 눈 녹듯 사라지고 만다. '이것만 먹어볼까?' 하고 조심스럽게 젓가락질을 하다가 다른 음식에도 눈이 가게 된다. 그렇게 먹다 보면 처음에 결심했던 '조금'의 양을 이미 넘어서고, '에라, 모르겠다. 뭐 어때'라는 생각이 들기 시작한다. 입안으로 들어가는 음식이 많아질수록 그런 생각은 점점 커지고 급기야 '다이어트는 내일부터 하지'라며 자포자기하는 심정으로 음식을 마구 먹기 시작한다.

심리학자 재닛 폴리비가 진행했던 연구에서도 이러한 심리가 잘 드러난다. 연구팀은 일부는 다이어트 중이고, 일부는 다이어트를 하지 않고 있는 100명이 넘는 여성들을 모집했다. 연구팀은 참가자들에게 맛있는 쿠키를 먹고 평가하는 모임이라고 설명한 뒤 밥을 먹고 오지 말라고 주문했다. 참가자들이 모두 모이자 연구팀은 피자를 한 조각씩 나눠주고 먹게 한 뒤 쿠키 맛을 평가해달라고 요청했다. 여기에는 약간의 속임수가 있었는데, 어떤 참가자들에게는 자신이 받은 피자 조각이 다른 사람보다 크거나 작다고 여기도록 만든 것이다. 실제 피자의 양은 모두 똑같음에도 어떤 사람은 피자가 커 보이고 어떤 사람은 피자가 작아 보이게 만들었다. 피자를 다 먹자 이번에는 쿠키가 가득 담긴 그릇을 내밀며 먹고 싶은 만큼 자유롭게 쿠키를 먹은 뒤 맛을 평가해달라고 요청했다. 참가자들은 각자 쿠키 그릇을 받고 실험이 끝난 뒤 그릇의 무게를 측정해 자신이 얼마나 쿠키를 먹었는지 알 수 있게 했다.

실험 결과 큰 피자를 먹음으로써 이미 다이어트를 망쳤다고 생각한 참가자들이 다이어트를 하지 않는 참가자들보다 쿠키를 50%나 더 먹었다. 다이어트를 하는 사람 중 작은 피자를 먹은 사람들은 쿠키를 그다지 많이 먹지 않았다. '어차피 오늘은 칼로리 조절에 실패했어'라고 생각하는 사람들일수록 자포자기의 심정으로 더 많은 쿠키를 먹었다는 것이다.

우리는 살아가면서 수많은 목표를 세우고 그것을 달성하기 위해 노력한다. 그중에는 사소한 목표도 있고, 중요하고 큰 목표도 있다. 아쉽게도 모든 목표를 달성하기는 어렵다. 어떤 목표는 달성할 수도 있지만, 어떤 목표는 이루지 못하고 중도 폐기될 수도 있다. 그런데 목표를 달성하려고 노력하는 과정에서 목표가 얼마나 가까워졌느냐 혹은 반대로 목표가 얼마나 멀어졌느냐에 따라 목표를 달성하려는 노력이 달라진다고 한다. 목표에서 그리 멀어지지 않았다고 생각하면 달성하기 위해 노력을 게을리하지 않지만, 목표에서 멀어졌다고 여기면 포기하게 된다는 것이다.

앞의 실험처럼 유혹을 참지 못해 피자를 먹은 경우도 마찬가지다. 이미 칼로리 섭취가 목표치를 넘어섰기에 다이어트가 실패라는 생각이 들면, 다시 말해 목표 달성이 어려워졌다고 생각되면 '이미 망쳤는데 뭐 어때'라는 생각으로 자제력을 포기한다는 것이다. 피자를 먹었어도 칼로리 조절에 성공했다고 생각하는 사람들이 쿠키의 양을 조절함으로써 목표 달성 노력을 계속한 것과 대조된다.

흔히 금주하겠다는 결심을 한 사람이 친구들과의 모임에 나가 '딱 한 잔만' 마시겠다며 술을 받아 마시다 보면 어느새 목표로 한 양을 넘어서고, 그때부터는 자포자기의 심정으로 마구 마시는 모습을 볼 수 있다.

우리의 자제력에는 한계가 있다. 화수분처럼 무한대로 솟아나는 것이 아니다. 자제력을 관장하는 부위는 전두엽 앞쪽에 자리 잡고 있는 전전두엽인데, 이 부위는 전체 뇌 부위에서 차지하는 비중이 그리 크지 않다. 부피가 크지 않다는 것은 그 부위에서 담당하는 기능에 한계가 있다는 것인데, 자제력을 발휘하는 데는 에너지가 필요하다. 만일 자제력을 발휘하다가 에너지가 고갈되어 더 이상 남아 있지 않게 되면 급격히 무너질 수 있다. 음식을 많이 먹지 않던 사람이 갑자기 폭식을 하거나 화를 내지 않던 사람이 고래고래 소리를 지르며 분노를 표출하는 것도 모두 자제력이 바닥났기 때문이다. 이것이 인간의 두뇌의 특성이다.

그렇다고 해서 두뇌 탓을 하며 쉽사리 자신의 의지를 꺾는 것은 바람직하지 못하다. 비록 뇌는 목표를 포기하도록 유혹하지만 그것을 이겨내려는 의지가 필요하다. 목표 달성에서 멀어졌다는 것은 주관적인 판단일 뿐 그것이 목표 달성 전체를 무의미하게 만드는 것은 아니다. 오늘 먹은 피자 때문에 계획했던 칼로리를 넘겼더라도 그것이 다이어트 목표 전체를 망가뜨리는 것은 아니다. 앞으로도 수많은 날이 남아 있기에 목표 달성을 위해 꾸준히 노력해야 한다. 불필요한 일에 자제력을 발휘하지 말고 에너지를 아껴 쓰며 지나간 일보다는 미래지향적인 관점으로 목표를 바라보고 쉽사리 포기하지 말아야 한다. 쉽게 포기하지 않을수록 밝은 미래를 맞이할 수 있을 것이다.

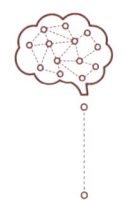

가치를 창출하는 일에
뇌와 시간을 투자하자

하루는 24시간으로 이루어져 있다. 우리 누구에게나 하루는 24시간으로 공평하게 분배된다. 그러나 공평하게 분배된 시간을 누구나 잘 활용하는 것은 아니다. 성공한 사람들의 특징 중 하나는 시간을 가치 중심으로 활용한다는 점이다. 가치가 높은 일에는 시간을 많이 투입하지만, 가치가 낮거나 없는 일에는 시간을 투자하려고 하지 않는 것이다. 가치가 높은 일일수록 뇌는 더욱 큰 보상을 느끼고 그 일에 집중하는 힘이 커진다. 가치가 높은 일을 반복하면 자존감이 높아지고 자기 확신도 커진다. 그래서 성공한 사람들은 '가치가 높은 일에 투자 → 높은 보상과 만족감 → 자존감의 상승 → 부가가치 높은 일에 집중'의 선순환이 이루어진다.

집 청소를 한다고 생각해보자. 밀린 빨래를 해서 널고 집을 구석구석 깨끗하게 청소하는 데 4시간이 걸린다고 하면, 이것을 직접 할 것인가, 아니면 돈을 주고 사람을 고용해서 해결할 것인가? 사람을 고용할 경우 비용은 8만 원이 든다고 해보자. 평범한 사람들은 8만 원을 아끼기 위해 직접 빨래와 청소하는 것을 택할 것이다. 집안일을 직접 함으로써 얻을 수 있는 가치는 8만 원, 시간당 2만 원이 되는 셈이다. 그런데 여러분이 시간당 20만 원의 가치를 만들어내는 크리에이터라고 생각해보자. 프리랜서로 개발 업무를 할 수도 있고, 디자인을 하는 사람일 수도 있다. 어쨌거나 일로 시간당 20만 원을 벌 수 있다면, 4시간의 집안일을 했을 때 80만 원의 가치를 창출할 수 있는 시간을 소모하는 셈이다. 그 시간 동안은 자기 일을 할 수 없기 때문이다. 80만 원의 가치를 창출할 시간에 8만 원의 가치를 만들어낸 셈이니 72만 원의 가치만큼 손실을 볼 수밖에 없다. 만일 사람을 고용해 청소를 맡겼다면 72만 원의 순수한 이득을 취할 수 있었을 것이다.

성공한 사람들과 평범한 사람들과의 생각에는 이런 차이가 있다. 성공적으로 삶을 사는 사람들은 부가가치가 높은 일에 집중한다. 자신이 할 수 있는 일이라도 창출되는 가치가 낮은 일은 아웃소싱을 하고, 아웃소싱을 하는 것보다 자신이 더욱 큰 가치를 만들어낼 수 있는 일이라면 자신이 직접 한다. 만일 자신이 선택할 수 있는 일이 여러 개라면 그중 만들어낼 수 있는 가치가 가장 높은 일을 선택한다. 그렇게 함으로써 시간당 창출되는 가치를 극대화하는 것이다. 두 가지 축, 즉 투입되는 비용과 창출되는 가치를 비교해 항상 투입되는 비용이 창출되는 가치보다 클 때만 자신이 직접 일을 한다. 평범한 사람들은 한 축만 생각한다. 투입되는 비용만 생각하는 것이다. 자신이 만들어내는 가치가 얼마든 상관없이 투입되는 비용이 자신이 가진 자산보다 많으면, 그것을 아끼기 위해 직접 일하려고 한다.

나의 경우 강의를 병행하기도 하는데, 예를 들어 1시간에 80만 원의 강의료를 주는 강의가 있다고 해보자. 보통은 1시간에 80만 원이라고 했을 때 적지 않은 돈이기 때문에 냉큼 수락할지도 모른다. 하지만 만일 그 강의를 위해 준비하는 시간이 6시간이고, 강의를 위해 오가는 이동시간이 8시간이라고 해보자. 가끔 그렇게 1시간 강의를 위해 지방출장을 가야 하는 경우도 있으니 전혀 과장된 가정은 아니다. 그러면 1시간 강의를 위해 총 14시간을 투자해야 하기 때문에 시간당 창출할 수 있는 가치는 57,000원 남짓이다. 만일 같은 날 1시간 강의에 50만 원이지만, 그 강의는 있는 자료를 활용할 수 있는 데다가 이동 시간이 4시간밖에 걸리지 않는다고 해보자. 그렇다면 어느 쪽을 선택해야 할까? 이때의 시간당 창출가치는 125,000원이다. 80만 원을 받는 강의보다 두

배 정도 많은 가치를 창출해내는 셈이니 당연히 후자를 선택하는 게 맞다.

비록 수익은 적지만 그렇게 아낀 시간을 다른 곳에 투자함으로써 더욱 큰 가치를 창출해내는 것이 부자들의 사고방식이다.

'시간은 금이다'라는 말처럼, 성공한 사람들의 머릿속에는 시간에 대한 경제적 관념이 확고하게 자리 잡고 있다. 그래서 자신이 무언가에 시간을 들인다면 그것이 과연 투자할 만한 가치가 있는지를 철저히 따져본다. 변호사들이 '10분에 얼마'라는 식으로 상담료를 정해놓은 것과 비슷하다. 만일 자신이 들인 시간만큼의 가치를 창출하지 못한다면 되도록 그 일을 하지 않으려 한다.

여기서 한 가지 주의할 점은 창출하는 가치가 꼭 금전적일 필요는 없다. 눈에 보이는 것일 필요도 없다. 자신이 투자해 얻을 수 있는 가치가 자신의 브랜드 가치일 수도 있고, 명성이나 명예일 수도 있으며, 비즈니스를 위한 신뢰관계일 수도 있다. 그런 것들은 눈에 보이지 않으므로 쉽게 가치를 가늠하기 어렵다. 하지만 성공에 가까워지려면 그런 것들을 가늠해볼 수 있어야 한다. 미래 자신의 역량을 높이기 위한 교육이나 세미나 등은 당장 만들어지는 가치가 없으므로 시간을 투자하기가 쉽지 않지만, 장기적인 관점에서 멀리 내다보는 것이 필요하다.

참고문헌

제1장

(1-1) 뇌의 에너지를 중요한 일에 집중하면 삶의 결과가 달라진다
[결정비용] 뇌, 사소한 고민에도 에너지 평평 "결정할 때마다 피곤해", 한국일보, 2018.3.31.
Do You Suffer From Decision Fatigue?, The New York Times, August 17, 2011
How Willpower Works: Decision Fatigue and 10 Ways Reduce It, FIRMS consulting

(1-2) 조바심의 근원지는 바로 뇌!
티모시 파이카일(2014), START, 시작하라!, 중앙북스
양은우(2020), 당신의 뇌는 서두르는 법이 없다, 웨일북
정경수, 행동심리학으로 증명된 '마감효과'와 '생각의 습관', 정경수의 더더더, 2022.6.3.
대니얼 카너먼(2018), 생각에 관한 생각, 김영사
데이비드 디살보(2012), 나는 결심하지만 뇌는 비웃는다, 모멘텀

(1-3) 명확한 목표가 뇌에 미치는 영향
Mark H. McCormack(1988), What They Don't Teach You at Harvard Business School: Notes from a Street-smart Executive, Bantam
Prashanth U. Nyer, Stephanie Dellande(2010), Public commitment as a

motivator for weight loss, Psycology & Marketing, 27(1), 1-12

(1-4) 뇌 속의 게으름 DNA를 이겨내는 법
이민규(2019), 실행이 답이다, 더난출판사
팀 어번(2018), 할 일을 미루는 사람의 심리, TED
Matthieu P Boisgontier et al.(2018), Avoiding sedentary behaviors requires more cortical resources than avoiding physical activity: An EEG study, Neuropsyjchologia, Volume 119, October, Pages 68-80
멜 로빈스(2017), 5초의 법칙, 한빛비즈

(1-5) 멀티태스킹은 뛰어난 능력일까?
Jeff Sutherland & JJ Sutherland(2014), Scrum: The Art of Doing Twice the Work in Half the Time, Crown Business
Adam Gazzaley & Larry D Rosen(2016), The Districted Mind: Ancient Brains in a High Tech World, The MIT Press
데이비드 록(2010), 일하는 뇌, 랜덤하우스
Lok KK, Konai R(2014), Higher Media Multi-tasking Activity is Associated with Smaller Gray-Matter Density in the Anterior Cingulate Cortex, PLoS One. Sep 24;9(9):e106698. doi: 10.1371/journal.pone.010669

(1-6) 휴식 속에서 갑자기 아이디어가 떠오르는 이유는 무엇일까?
프레데리케 파브리티우스, 한스 하게만(2018), 뇌를 읽다, 빈티지하우스
닐스 비르바우머.외르크 치틀라우(2018), 머리를 비우는 뇌과학, 메디치

(1-7) 검색 시대에 사고력을 키우는 법
카야 노르뎅엔(2019), 내가 왜 이러나 싶을 땐 뇌과학, 일센치페이퍼
데이비드 디살보(2012), 나는 결심하지만 뇌는 비웃는다, 모멘텀

(1-8) 작은 성공의 반복이 뇌를 활성화한다
로이 F. 바우마이스터, 존 티어니(2012), 의지력의 재발견, 에코리브르

제2장

(2-1) 성공하는 사람들은 먼저 자신부터 소중한 존재로 여긴다
데이비드 디살보(2012), 나는 결심하지만 뇌는 비웃는다, 모멘텀

(2-2) 자신감은 뇌에 긍정적인 피드백을 제공한다
Pallb Ghosh(2003), Low self-esteem 'shrinks brain', BBC News, 20 November
Ellen Lenny(1977), Women's Self-Confidence in Achievement Settings, Psychological Bulletin 84(1):1-13 January
제사미 히버드(2021), 성공한 사람들의 가면증후군, 청송재

(2-3) 긍정적 사고가 뇌에서 주도권을 잡도록 하는 방법
대니 고레고리(2018), 내 머릿속 원숭이 죽이기, 매일경제신문사
Raymond A. Mar(2018), Stories and the Promotion of Social Cognition, Current Directions in Psychological Sciences 27(4):09637214774965, June
Donald Meichenbaum(1977), Cognitive Behaviour Modification, Scandinavian Journal of Behaviour Therapy, Volume 6, Issue 4
나를 바꾸는 긍정의 힘 '암시의 심리학', 심영섭의 심리학 교실, 월간중앙, 2016.3.25

(2-4) 나를 들여다보는 메타인지의 힘
구본권(2023), 메타인지의 힘, 어크로스

(2-5) 뇌의 가장 중요한 역할 두 가지, 주의력과 집중력
골드버그(2008), 내 안의 CEO, 전두엽, 시그마프레스
송민령, 송민령의 뇌과학 연구소, 동아시아

(2-6) 회복탄력성을 높이는 뇌 훈련
리처드J. 데이비드슨, 샤론 베글리(2012), 너무 다른 사람들, 알키
마크 하이먼(2023), ADHD 우울증 치매 이렇게 고쳐라, 정말중요한

한나 크리슬로우(2020), 운명의 과학, BRONSTEIN

(2-7) 남 탓과 자기 비하를 지양하자
데이비드 디살보(2012), 나는 결심하지만 뇌는 비웃는다, 모멘텀

(2-9) 알코올이 두뇌에 미치는 부정적인 영향
술 한 잔도 뇌를 손상시킬 수 있다, 코메디닷컴, 2025.7.21.
강길현(2020), 음주문화와 알코올 중독의 이해, 한국학술정보
[뇌교육 리서치] 두뇌를 더 민활하고 유연하게 만드는 방법, 브레인 106호, 브레인미디어, 2024.8.19.

(2-10) 우리가 타인의 의견에 휩쓸리게 되는 이유는 무엇일까?
매튜 D. 리버먼(2015), 사회적 뇌, 시공사
Solomon E. Asch(1955), Opinions and Social Pressure, Scientific American, November, vol. 193, No.5, pp 31-35
올해 한국의 사회심리는 '집단 극화'…'악마의 변호인' 돼야, 연합뉴스, 2023.5.1.

제3장

(3-1) 우리는 거절에 대해 본능적인 두려움을 갖고 있다
뇌는 정말 신체적 고통과 정신적 고통을 구별하지 못할까?, [강석기의 과학카페 205] 매력 있는 신경과학이론들에 딴지 걸기, 동아사이언스, 2014.12.1.
지아 장(2017), 거절 당하기 연습, 한빛비즈
나카노 노부코(2024), 뇌과학의 쓸모, 현대지성

(3-2) 질투심을 발전적인 에너지로 전환하자
내가 안 되는데 네가 될 것 같니? - 크랩 멘달리티 효과, 정신의학신문, 2021.4.23.
이케가야 유지(2013), 뇌는 왜 내 편이 아닌가, 위즈덤하우스
자오위핑(2013), 자기통제의 승부사 사마의, 위즈덤하우스

(3-3) 감정의 뇌보다 이성의 뇌에 말 걸기
마크 고울스톤(2012), 뱀의 뇌에게 말을 걸지 말라, 타임비즈
조셉 슈랜드(2014), 디퓨징, 더퀘스트
수전 그린필드(2004), 브레인 스토리, 지호

(3-4) 칭찬과 감사가 뇌를 건강하게 한다
The power of praise and recognition, Training Journal. 2014.2.18
Gostick, A., & Elton, C. (2007), The carrot principle: How the best managers use recognition to engage their employees, retain talent, and drive performance. Free Press
Wake, S. J., & Izuma, K. (2017), A Common neural code for social and monetary rewards in the human striatum. Social Cognitive and Affective Neuroscience, 12(10): 1558-1564
알렉스코브(2018), 우울할 땐 뇌과학, 심심
긍정적인 마음가짐, "인생의 오아시스" 찾는 나침반, 의사신문, 2008.3.10.
'감사하는 마음'에 숨겨진 놀라운 효과, '여기'에도 이로워, 하이닥, 2023.1.31.

(3-5) 부정적인 생각과 감정을 키워 오해의 굴레에 갇히지 말자
Bear M(2009), 신경과학:뇌의 탐구(제3판), 바이오메디북
파페즈(Papez) 회로, 이성의 대뇌피질과 감정의 변연계 사이의 연결통로, 휴한의원, 2022.9.8.
[좋은 글] 소용없는 말, 따뜻한 하루, 2017.7.4.
샘 킨(2016), 뇌 과학자들, 해나무

(3-6) 인적 네트워크는 사고와 판단의 질을 높인다
디나 스미스(2022), 비슷한 생각을 경계하라, 하버드 비즈니스 리뷰, 9.5.
인간의 뇌, 동물의 뇌: 동물적 본능과 사회적 기능의 상관관계 분석, goover, 2025.4.17.
장동선(2024), 내향인(I) VS 외향인(E) 극명하게 다른 뇌구조 차이 분석 | 사회생활 잘 하는 내향인 특징?, 유튜브영상, 3.20.
Gibson, J. J. (1966). The senses considered as perceptual systems, Praeger

(3-7) 공감능력은 인적 지렛대를 만들어내는 훌륭한 자산
애덤 그랜트(2013), 기브 앤 테이크, 생각연구소
이안 로버트슨(2013), 승자의 뇌, RHK
폴 J. 잭(2019), 뇌과학을 알면 신뢰를 쌓을 수 있다, 하바드 비즈니스 리뷰, 11-12월호

(3-8) 인간은 이성적 존재인가?
안토니오 다마지오(2019), 느낌의 진화, 아르떼
장동선(2017), 뇌 속에 또 다른 뇌가 있다, 아르떼
에릭 라 블랑슈(2021), 우리의 뇌는 왜 충고를 듣지 않을까, 일므디
인지편향, 경험을 도구로 세상을 해석하다, 숙대신보, 2023.3.6.
프레데리케 파브리티우스,한스 하게만(2018), 뇌를 읽다, 빈티지하우스

(3-9) 기분이 태도가 되지 않도록 하자
Carolina Herrando, Efthymios Constantinides(2021), Emotional Contagion: A Brief Overview and Future Directions, Frontiers in Psychology, 16 July, Volume 12 – 2021
데이비드 디살보(2014), 뇌는 왜 삽질을 시킬까, 청림출판

제4장

(4-1) 두뇌를 마사지하는 독서의 힘
토마스 C. 콜리(2017), 인생을 바꾸는 부자습관, 봄봄스토리
시미즈 가쓰요시(2004), 성공한 사람들의 독서습관, 나무한그루
Christopher Bergland(2014), Reading Fiction Improves Brain Connectivity and Function, Psychology Today, January 4
Allison Watkins(2012), How does reading improve brain function, Reading Horizons, Sep.
Annie Murphy Paul(2013), Your Brain on Fiction, The New York Times(Sunday Review)

(4-2) 운동은 두뇌를 맑게 해준다

최수민(2021), 성공한 사람들이 실천하는 2가지 습관, 더 로드
'하루 30분' 유산소 운동이 두뇌 발달시켜, 나우뉴스, 2014.10.28.
뇌에서 엔돌핀을 분비시키는 고강도 운동, Science On, 2017.8.25.
프레데리케 파브리티우스, 한스 하게만(2018), 뇌를 읽다, 빈티지하우스
[카드뉴스] 스트레스 해소에 운동이 좋은 과학적 이유, 동아사이언스, 2017.7.12.
'불안'에는 운동이 약이다, 코메디닷컴, 2021.11.1.
안개 낀 듯 멍한 머리, '브레인 포그 증후군'이란?, 서울성모병원, 2023.1.13.

(4-3) 충분한 잠이 뇌의 활동을 극대화한다

한상진, 최불암, '천상의 화원'은 진정성 있는 드라마, 가슴 따뜻한 한국의 아버지를 기대하세요, 신동아, 2011.11.23.
서진원, 성공하고 싶다면 지금 당장 침대에 누우셔야 합니다 | 유명인들의 수면 습관, 유튜브
성공한 CEO 팀 쿡이 아침형 인간이 된 이유, TPI Insight, 2020.10.19.
잠자는 동안 뇌 노폐물 청소하는 '신경세포', 동아사이언스, 2024.3.1.
매슈 워커(2019), 『우리는 왜 잠을 자야 할까』, 열린책들

(4-4) 습관은 뇌 속에 지속하게 하는 회로를 만든다

Chris Gardener(2018), The 1% Principle…, Medium, Aug. 3
세 살 버릇 여든 가는 이유는? '뇌 신경' 때문, 동아사이언스, 2016.1.27.
[새벽 경영 1: 팀 쿡 애플 CEO] 3시 45분에 일어나 이메일 확인하며 하루 시작… 애플의 '조용한 혁신' 이끈 배경은 새벽시간 활용, 조선비즈, 2017.11.18.
슈퍼리치들은 메모광? 성공의 길로 이끄는 메모습관, 매일경제, 2020.6.11.
김형자(2024), 작심삼일, 내 탓 아닌 뇌 탓, K-공감

(4-5) 스트레스를 효과적으로 줄이는 법

직장인 95% "스트레스 느낀다", 중앙일보, 2005.6.24.
캐서린 러브데이(2016), 나는 뇌입니다, 행성B이오스
스트레스 받은 뇌, 줄기세포는 스스로를 먹어 파괴했다, 동아사이언스,

2019.7.2.
윤수정, 김태석, 채정호(2005), 스트레스의 두뇌과학적 이해, 가정의학회지, 26;439-450
뇌 변화시킬 수 있는 번아웃… 대처법은?, 코메디닷컴, 2022.3.14.
김원준(2011), 韓 뇌파진동명상…우울증 등 개선 효과, 의학신문
'도리도리'로 스트레스 훌훌~ 털어버리세요, 단월드 명상쉼터, 2016.4.6.
아힘 페터스(2013), 이기적인 뇌, 에코리브르

(4-6) 좋은 습관은 무의식의 지형을 바꿀 수 있다
Patrick Haggard & Benjamin W. Libet(2001), Conscious intention and brain activity, Journal of Consciousness Studies 8 (11):47-63
김진형(2022), 내 삶을 결정할 수 있다는 믿음—자유의지에 대한 믿음, 그리고 희망, 재단법인 플라톤 아카데미
장동선, 김범준(2023), 인간은 스스로 자유의지가 있다고 착각하는 건 아닐까?, 유튜브
조 디스펜자(2009), 꿈을 이룬 사람들의 뇌, 한언

(4-7) 자신의 뇌에 종종 의심이라는 활력을 주입하자
[아침에 특강] "인간은 본능적으로 변화를 회피한다", KBS뉴스, 2016.10.12.
뇌는 왜 자꾸 대충하려 할까? - 에너지 절약에 목숨 거는 뇌의 전략, 마음나침반, 2025.6.25.

(4-8) 포기하려는 뇌의 본능을 의지라는 노력으로 극복하자
데이비드 디살보(2012), 나는 결심하지만 뇌는 비웃는다, 모멘텀

(4-9) 가치를 창출하는 일에 뇌와 시간을 투자하자
다니엘 G. 에이먼(2008), 그것은 뇌다, 한문화

성공적인 삶을 위한 두뇌 활용법
뇌를 알면 삶이 바뀐다

초판 1쇄 발행 2025년 11월 21일
초판 2쇄 발행 2025년 12월 30일

지은이 양은우
펴낸곳 보아스
펴낸이 이지연
등 록 2014년 11월 24일(No. 제2014-000064호)
주 소 서울시 양천구 목동중앙북로8라길 26, 301호(목동) (우편번호 07950)
전 화 02)2647-3262
팩 스 02)6398-3262
이메일 boasbook@naver.com
블로그 http://blog.naver.com/shumaker21
유튜브 보아스북 TV

ISBN 979-11-89347-28-4 (03180)

ⓒ 보아스, 2025

* 잘못된 책은 구입처에서 교환해 드립니다.
* 이 책의 저작권은 보아스 출판사에 있습니다. 저작권법에 의해 보호를 받는 저작물이므로 무단전재 및 무단복제, 무단인용을 금합니다.